国外当代教育研究译丛

精准教学系列

主　编　盛群力　肖龙海
副主编　冯建超

梳理知识：

检查深度理解的方法

SHULI ZHISHI:
JIANCHA SHENDU LIJIE DE FANGFA

[美] 里娅·A. 施密特　罗伯特·J. 马扎诺　著
劳琳·霍尔特　特蕾西·L. 奥卡西奥　蒂娜·森　协编
刘作芬　译　　冯建超　校

U0838196

中原出版传媒集团
中原传媒股份公司

大象出版社
·郑州·

图书在版编目(CIP)数据

梳理知识：检查深度理解的方法 / (美) 里娅 · A.
施密特,(美) 罗伯特 · J. 马扎诺著; 刘作芬译.— 郑
州：大象出版社, 2018. 11
(国外当代教育研究译丛.精准教学系列)
ISBN 978-7-5347-9970-9

Ⅰ. ①梳… Ⅱ. ①里… ②罗… ③刘… Ⅲ. ①课堂教
学—教学设计 Ⅳ. ①G424. 21

中国版本图书馆 CIP 数据核字(2018)第 249985 号

出 版 人 王刘纯
责任编辑 张 阳
责任校对 张迎娟
装帧设计 张 帆

出版发行 大象出版社(郑州市开元路 16 号 邮政编码 450044)
发行科 0371-63863551 总编室 0371-65597936
网 址 www.daxiang.cn
印 刷 河南新华印刷集团有限公司
经 销 各地新华书店经销
开 本 787mm×1092mm 1/16
印 张 8.25
字 数 108 千字
版 次 2018 年 11 月第 1 版 2018 年 11 月第 1 次印刷
定 价 20.00 元
若发现印、装质量问题,影响阅读,请与承印厂联系调换。
印厂地址 郑州市经五路 12 号
邮政编码 450002 电话 0371-65957865

浙江省卓越教师培养协同创新中心
2017—2018 年度重点项目“教师教学设计应用模式研究”成果

浙江传媒学院教师教学发展中心合作成果

精准教学系列

“精准教学系列”（The Essentials for Achieving Rigor Series）这套教学指导书有助于教育工作者在实施、监控和适应教学方面做到得心应手。本系列采用了日常示例作为课堂应用的范例，使之具有即时的实践效果。

《确定关键内容：把握重点的方法》

《言之有理：提出与辩护主张的方法》

《记录与表征知识：准确组织与总结内容的方法》

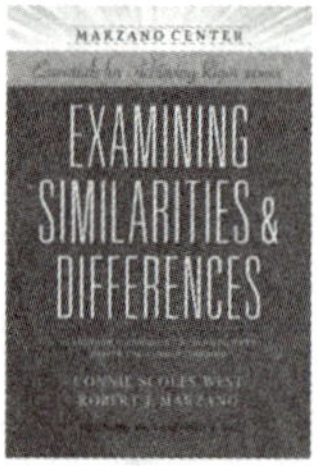

《区分异同：深度理解的方法》

《加工新知：参与学习的方法》

《梳理知识：检查深度理解的方法》

《编制与使用学习目标和表现量规：教师如何作出最佳教学决策》

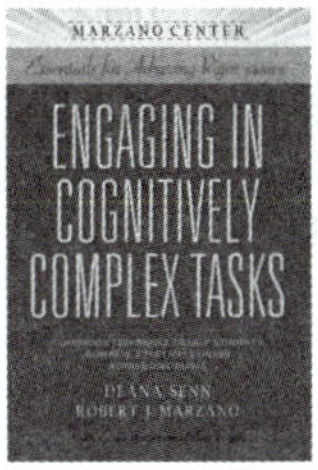

《参与综合认知任务：跨学科提出与检验假设的方法》

《操练技能、策略与过程：熟能生巧的方法》

《组织学习活动：小组互动方法》

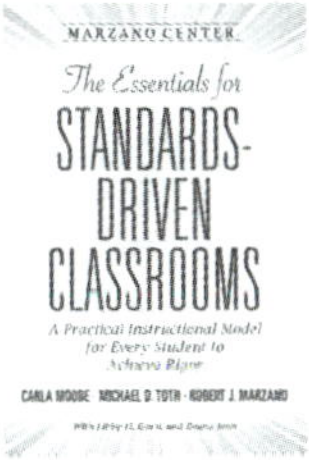

《标准驱动的课堂：精准教学的实践模式》

致 谢

国际学习科学组织（Learning Sciences International）感谢以下审稿人的帮助：

珍·哈伯林
（Jen Haberling）
密歇根州，哈得孙维尔，鲍德温街道中学，2009 年密歇根州年度最佳教师

德布·福格
（Deb Fogg）
新罕布什尔州，兰开斯特，兰开斯特学校，2009 年新罕布什尔州年度最佳教师

旺达·莱西
（Wanda Lacy）
田纳西州，诺克斯维尔，法雷加特中学，2013 年田纳西州年度最佳教师

德里克·奥尔森
（Derek Olson）
明尼苏达州，斯蒂尔沃特，阿夫顿－莱克兰小学，2009 年明尼苏达州年度最佳教师

丽贝卡·施奈德
（Rebecca Snyder）
宾夕法尼亚州，拉筹伯，拉筹伯高级中学，2009 年宾夕法尼亚州年度最佳教师

艾米·L. 威姆斯
（Amy L. Weems）
路易斯安那州，门罗，沃希托初级中学，2013 年路易斯安那州年度最佳教师

作者简介

里娅 · A. 施密特（RIA A. SCHMIDT），博士，教育专家，曾担任一线教师、校长、办公室行政主管、教师发展中心主任，从事职业培训已有 15 年以上的经历。施密特博士在课程与教学方面的杰出成就包括：提出并研发了教师及教学管理人员专业发展系列培训，涉及差异化教学、发展量规、发展评价（形成性评价或总结性评价）、能力评分、标准化与达标基准，以及基于标准的培训和水平报告；成功引导一所学校开展了评价方式改革，从传统的成绩单形式转型为以标准化评价为基础的学生评价系统；在教师水平报告及教学指导中开发出综合运用标准化评价和数据评分的方法。此外，施密特博士在观测和评估教师及行政人员工作绩效方面积累了丰富经验。

罗伯特 · J. 马扎诺（ROBERT J. MARZANO），博士，马扎诺研究实验室首席执行官，学习科学马扎诺中心教师和领导评估执行主任。作为教育研究的先驱者，他是一名演说家、培训师和作家，发表论文 150 多篇，涉及教学指导、评估、写作及实施标准、认知、有效领导和学校干预等。他还撰写了 30 多部著作，包括《教学的艺术与科学》（ASCD，2007）和《差异化教师评估》（ASCD，2013）。

劳琳 · 霍尔特（LAURINE HALTER），教育学硕士，南达科他州大学硕士毕业，具有 20 多年教育行业工作经历，因其科学教育规划的独特贡献曾被授予南达科他州劳动力及职业发展奖章。

特蕾西 · L. 奥卡西奥（TRACY L. OCASIO），教育学博士，具有超过 25 年的教育行业工作经历，优秀的校长助理，曾在国际学习科学组织任职。

蒂娜·森（DEANA SENN），环境卫生工程学硕士，是学习科学马扎诺中心的首席内容开发师和资深职业培训师，她在美国、加拿大两国的农村和城镇均开展过实践工作。森女士本科毕业于美国得克萨斯州农工大学，硕士毕业蒙大拿州立大学。

目 录

引 言

《梳理知识：检查深度理解的方法》旨在帮助学生考查其对学习内容的深化理解程度。可以说，梳理知识是改进教学实践的一项具体策略。

本书可以为教师提供基于实证研究的教学策略（如马扎诺教学框架中所涉及的），来改善教学实践。本书还可以帮助教师在课堂上实施精准的教学策略，使学生达到各类标准的要求，如《共同核心国家标准》（*Common Core State Standards*）、《新一代科学教育标准》（*Next Generation Science Standards*）、《社会研究国家标准 C3 框架》（*C3 Framework for Social Studies State Standards*）、基于或受《大学与职业准备锚定标准》（*College and Career Readiness Anchor Standards*）影响的各州立标准。

本书可以帮助所有年级和学科的教师提高运用“梳理知识”这一教学策略的能力。聚焦知识梳理这一技能，你将能专注于该教学策略的细微之处并细致地做出改进，并进一步在具体教学实践中有意识地规划、实施、监控、调适、反思这一策略。正像马扎诺和托特（Marzano & Toth, 2013）所说，一个想成为专家的人会有其独特的策略：

◇把教师专业发展所需的特定技能加以具体分解。

◇专注于在实践或日常活动中改进特定的关键技能模块（而非简单的任务）。

◇获得即时、具体和可操作的反馈，特别是从更有经验的教练那里得到评价。

◇在更具挑战性的水平上，不断练习每个关键技能直到掌握。对已经掌握的技能则尽量减少时间投入。

“精准教学系列”就是基于上述方法，专注于分解教师专业成长所需特定技能，提供日常的实用建议，以帮助教师更得心应手地运用这些技能。

基于马扎诺教学模式

“精准教学系列”基于“马扎诺教学框架”（Marzano Instructional Framework），即以研究为基础，为教育工作者提供将教学实践与学生学业成就联系起来所需的工具。本系列使用了马扎诺教学模式（Marzano Model of Instruction）的关键术语，见关键术语表。

关键术语表

术语	定义
《共同核心国家标准》(CCSS)	《共同核心国家标准》是由共同核心国家标准计划(CCSSI)开发的标准文件的正式名称，其目的是为美国学生的大学深造和职业生涯做好准备
《大学与职业准备锚定标准》(CCR)	《大学与职业准备锚定标准》是一个较为宽泛的说明，包含针对各年级和特定内容领域的具体标准
预期结果(Desired result)	由于实施一项具体策略而对学生提出的预期结果
监控(Monitoring)	在实施具体策略时，检查学生是否达成预期结果的行为
教学策略(Instructional strategy)	已经证实的、在课堂教学中较可能提高学业成就的一类方法
教学方法(Instructional technique)	用于使学生掌握和深入理解知识和技能的方法
内容(Content)	学生达到标准要求所需的知识和技能
支架(Scaffolding)	有针对性地提供支持，从而使认知复杂性和学生自主性达到精准目标
拓展(Extending)	将已经表现出预期结果的学生提升到更高理解水平的活动

数十年来，教育趋势犹如钟摆一般一直摇摆不定。教育工作者在规范的清单式教案和循序渐进的课程计划之间徘徊，目的都是帮助教师实现教学自主，然而他们在教学科学以及教师的责任方面考虑得非常少。在这些精确解释有效教学的方法中，往往缺少两种做法：(1)预期结果的具体陈述；(2)基于研究的坚实连接。马扎诺教学框架提供了一个全面的系统，详细说明了什么才是教师使用基于研究的教学策略所需要的。从这个坚实的教学基础出发，教师可以将教学的科学与自己独特而又有效的教学风格相结合，这就是教学的艺术。

《梳理知识：检查深度理解的方法》将帮助你成长为高水平的创新型教师，使你能够实施这一策略，并开展支架教学和拓展教学以满足学生的一系列需求。

精准教学系列

“精准教学系列”详细介绍了基本的课堂策略,以支持教学中复杂的转变,这对于所有学生所需的精准教学环境来说是必不可少的。本系列介绍的教学策略对有效地教授《共同核心国家标准》《新一代科学教育标准》或学校所在区、州指定的标准至关重要。这些严格标准需要更深入的理解,运用更有效的策略加以更广泛的实施,从而使学生能够展现出标准所要求的知识和技能。本系列包括适用于所有年级和学科领域的教学方法,还包含针对具体年级的实例,可作为教师在课堂中应用的样例和落脚点。

无论教授哪个年级和学科,熟练运用这些策略对学生掌握《共同核心国家标准》或其他标准来说都至关重要。“精准教学系列”中涵盖的其他教学策略,例如如何做到言之有理和引导学生参与综合认知任务,体现了如何满足严格标准所需的认知复杂性。作为一个系列,这些策略乍看起来似乎有些令人生畏。因此,本系列将在每本书中仅关注一个具体策略。

梳理知识

梳理知识这一教学策略主要帮助学生考查对关键知识的深度理解情况。该策略包括以下几个独立的认知过程：（1）回顾先前所学的知识（prior knowledge）；（2）找出错误之处并加以纠正，包括错误概念、错误理解等；（3）找出遗漏的知识点；（4）补充、更新先前所学知识；（5）解释修正某一具体知识点的深层原因。若在课堂上借鉴、应用上述几个方面，不仅能够加深学生对知识点的理解，还能加强关键性内容的记忆，提升解决问题的能力。

其实，知识梳理的过程并不仅局限于课堂或学校。任意年龄、不同成长阶段的人都可以通过纠正错误、厘清概念、补充新知识等途径来梳理知识。与几乎无意识进行的学习活动相比，梳理知识这一教学策略的不同之处在于：作为把握课堂教学的教师，必须有意识地为学生引导、示范这一过程，确保他们获得关键性知识。

知识分为两类：陈述性（declarative）知识和程序性（procedural）知识。陈述性知识是有关事物属性的知识；程序性知识包括智慧策略、技能与过程。认知心理学利用图式（schema）与图式理论（schemata）描述个体获得知识的过程。图式是概念在头脑中存储的结构状况，而图式理论则描述这些概念如何通过我们自身已有经验及他人观点组织起来。图式形成分三个阶段，且都与梳理知识直接相关：

◇纳新（Accretion）：将新学知识纳入已有的记忆系统。

◇调整图式（Tuning the schema）：将新知识与已有经验更加协调一致地联系、整合起来。

◇重构（Restructuring）：当新信息不能很好地归入当前已有图式的时候，重新组织信息或者生成新的图式。（Marzano，2007）

在利用知识梳理策略进行教学时，教师最可能犯的错误是忘记究竟是谁的知识需要梳理。倘若学生只是忠实地拷贝黑板上的知识要点或者内容纲要，或者一字不落地写下教师在课堂上说的每一句话，这些知识就还是教师的，而非学生本人获得的知识；同样，倘若学生在笔记簿上插入教师创建的图形组织者（graphic organizer），这仍然是教师的知识，而非学生们自己的所得。

梳理知识的基本观念在于：若非学生用多种方式亲自加工处理，融入自己的理解与解释，他们是无法修正并更新自己的知识体系的。只有当学生已经真正掌握了前面所学知识，教师才可能发挥梳理知识的效用。

梳理知识的有效实施

有效进行知识梳理，常常需要遵循如下六个步骤：

1. 直接讲解、示范梳理知识的五个方面。
2. 熟练使用梳理知识的六个技巧。

3. 营造鼓励、支持大胆尝试的课堂气氛。

4. 通过合作学习确保所有学生都能自觉梳理先前所学知识与所获理解。

5. 时刻关注学生是否都已掌握重点内容，将这一点作为教学工作的终极目标。

6. 逐渐放手，让学生全盘管理自己的思考过程，通过梳理先前知识学有所得。

直接讲解、示范梳理知识的五个方面

梳理知识要聚焦五个方面。在学生整理自己对重点内容的思考与理解之前，必须让他们明晓，梳理先前知识需要做到以下几点：（1）检查对先前所学内容的理解；（2）找出理解错误的地方并做出更正；（3）找出知识疏漏之处，查漏补缺；（4）确定哪些知识需要更新；（5）梳理知识之后说明更新原因。进行知识梳理，要做到上述方方面面，需要学生持续处理先前所学核心知识：阅读，思考，写作，绘出知识脉络，尝试解决问题，动手实践操作，与师长、同伴或分小组交流讨论。实施这五个方面不必拘泥于先后次序，但所列五个方面对于梳理知识都必不可少。

熟练使用梳理知识的六个技巧

这里所提梳理知识的六个技巧是学习的跳板，用于引导学生更多地关注对先前所学内容的理解与整理。无论如何，学生在复习、测试或者遗忘所学内容时，都不要让他们感觉有压力。帮助学生梳理先前知识的六个技巧需要用到如下资源和工具：（1）五大工具（five basic tools）；（2）课业笔记簿（academic notebooks）；（3）核心内容词汇簿（content vocabulary notebooks）；（4）可视化工具（visual tools）；（5）创作工具（writing tools）；（6）家庭作业（homework）。

营造支持课堂学习的氛围

梳理知识需要营造一种积极的、随时提供课业支持的、无任何心理负担的课堂学习环境，因为梳理知识需要强烈的自信，需要勇气。在梳理过程中鼓励学生大胆尝试的方式有：（1）与学生分享你在教学过程中大胆尝试梳理教学思想与教学方式的经验，并以此为范例激励学生；（2）就学生所学课业内容给他们示范如何进行知识脉络梳理；（3）给学生分享一些知名人士不断尝试、失败后继续努力尝试的励志故事；（4）给学生展示一些鼓励大胆尝试、在错误中学习进步的名言、口号与标语；（5）允许学生大胆尝试并获取新的观点，不断梳理反思并形成最终成果；（6）建立合作的氛围，让学生在梳理课业知识时能获得同伴帮助，也可以聆听同伴分享梳理知识的思路。

借力合作学习

不要错误地认为，教师才是唯一的创造者、课堂上深刻反思学习的智者。其实，你的学生，尤其是那些沉默寡言的学生和不甚情愿学习的学生，对课堂教学有更多想法。可利用多种分组方法，如两两一组、三人一组或者更多同学一组，通过强效的课堂活动来激发学生投入心力，检查学生对重要知识内容的理解程度，着手梳理先前知识。

聚焦重点内容

不管选择哪一种技巧来指导梳理知识，教师都要记得，始终要聚焦课堂重点内容。当越来越娴熟地应用这些技巧时，教师将看到学生加工、理解所学知识的能力有了显著变化，他们将能够处理自己的想法，能够独立写出知识脉络的总结并提炼出图式。教师可以让学生体验本书中提到的不同教学方法，进一步有效贯彻这些策略；当然，也可以开发自己独特的教学方法。

逐渐放手，给学生更多思考之责

我们可能轻易就淡忘了教师职业的定义：要帮助学生完全承担起自行梳理知识的责任。倘若我们总想着让学生拷贝我们留在黑板上的笔记、图表，让他们分析、完成句子的细枝末节等，这都是在剥夺学生真正学习的机会。

我们在考虑如何有效完成知识梳理时，必须注意如下关键的教师行为：

◇直接指导、示范学生在学习过程中如何梳理知识。

◇利用教学方法指导学生删略、增补先前知识。

◇为学生提供机会，检查先前记录的知识要点。

◇激励学生纠正错误概念、习题，并从中获取新知。

◇询问学生所学的具体某一节课是怎样改变他们对先前内容的感知与理解的。

◇让学生有机会阐述他们的理解发生了怎样的改变。

◇鼓励学生不断反复梳理知识，加深对重要知识内容的理解。

◇期待学生在无激励的状态下能够主动梳理自己获取的知识。

◇期待学生必要之时主动调适自己的学习。

常见错误

当我们越来越专业化地贯彻如上策略时，需要考虑如何避免以下常见错误：

◇教师未能在学习各阶段计划、敦促好知识梳理事项。

◇教师未能在梳理知识之前给学生机会深化理解或尝试练习所学新知识。

◇教师未能让学生主动担负起梳理所学知识的责任。

◇教师未能在梳理知识的过程中监督学生是否切实理解了所学内容。

未将持续的知识梳理列入计划

知识梳理策略需要学生在不同的学习阶段，都持续进行知识梳理，包括最初接触某一新信息时，以及随后再次接触该信息或者尝试练习时。此时，我们可以让学生在其课业笔记簿或者要求的专题笔记模板上记下他们梳理知识的情况。然后每当面临重要新内容的学习、体验时，我们都可以要求学生再次复习、回顾他们之前所做的笔记和所做的知识梳理。

梳理知识前未给予机会深化理解或应用练习

在有效学习进程中，学生往往需要多次接受陈述性知识，也应多次练习程序性知识。教师应该在学生每一次学习或练习之后，再让他们着手梳理先前所学，以进一步加深他们对所学内容的理解。若在梳理知识之前缺少这样的练习、深化机会，学生将很难找出自己的错误之处并尝试将其纠正，也很难将新知识纳入自己的知识体系。

未能让学生主动担负起查找错误并更正的责任

梳理知识旨在达到预期的学习效果，在此过程中学生需要不断思考、回顾、修正、补充所学知识。若教师直接指出学生思考中的错疏之处，然后手把手逐词帮助学生更正或补充，学生将无法在思考和校正错误的过程中获益，无法深入理解所学知识，无法提高运用知识的熟练程度。千万不要以为学生没有足够的能力自行梳理所学知识，只要我们给予充分的机会，他们肯定能做得足够好；他们能够通过小组合作、精细加工和指导练习，深刻体会或尝试应用学到的重点知识内容。

未能监控学生在梳理过程中对所学内容的理解程度

仅仅给学生提要求是不够的，想要充分发挥梳理知识这一策略的作用，还要不断监控学生才能达到预定效果。监控包括在学习的整个过程中纠正学生的错误理解，引导他们不断进行知识梳理。

梳理知识的重要作用在于，确保学生在开展更深、更难的学习任务之前或者学以致用之前，真正理解所学知识或方法步骤。

监控预期结果

有效进行知识梳理远不止于给学生提供整理知识的机会，还需要对学生持续进行监控。监控是指在进行知识梳理的过程中检查学生是否达到了预期的学习效果。换言之，任何一项策略的实施都需不断监控预期结果是否达成。监控过程中我们要问的最基本的问题是：学生深化了对所学知识的理解吗？尝试练习了吗？更具体一点，我们要问：预期的结果达到了吗？即使是最精细规划的课程，教师们如果没有对教学策略做到胸有成竹，如果没有聚焦预定的教学标准或是没有监控预期教学效果是否达成，也极有可能徒劳无功。

有多种途径可供教师用来监控绝大多数学生是否顺利达到知识梳理的预期效果、是否深化理解了以前的知识，具体方法如下：

◇让学生纠正或补充先前记录的笔记。

◇让学生解释先前的错题或错误概念。

◇让学生阐释其知识梳理时通过自我纠错实现的心智成长。

◇让学生运用多种方式进行知识梳理。

教师反思

随着指导学生梳理知识的教学技能不断提高，教师要开始反思该策略对哪些情况更有效，对哪些情况效果不佳。这样的反思将帮助教师越来越有成效地指导学生进行知识梳理。下面一些反思性问题可以引导我们进行思考：

1. 我们应该用怎样的方式，把知识梳理这一策略引入课堂？

2. 我们应该怎样使用知识梳理策略，帮助学生更有效地修正先前所学知识内容？

3. 我们如何监控学生进行知识梳理？如何确保绝大部分学生能够自行梳理知识？

4. 我们应该怎样运用或创造新的知识梳理技巧？

5. 当我们试图运用或创造新的知识梳理技巧时，我们从学生那里学到了什么？

指导学生梳理知识的教学方法

有多种方式可以帮助学生回顾所学、纠正错漏，深化理解知识，帮助他们修正对陈述性知识的理解，实践并调整各种程序性知识。教师最大的目标是要求学生达到年级水平或者内容标准的要求。我们在具体课堂中选择、规划知识梳理方式时，必须考虑所教年级、所授内容以及所面向的学生。这些不同的知识梳理方式就是我们所谓的教学方法。本书将告诉我们如何使用以下教学方法教学生进行知识梳理：

◇教学方法 1　利用五大工具梳理知识

◇教学方法 2　利用课业笔记簿梳理知识

◇教学方法 3　利用核心内容词汇簿梳理知识

◇教学方法 4　利用可视化工具梳理知识

◇教学方法 5　利用创作工具梳理知识

◇教学方法 6　利用家庭作业梳理知识

本书在介绍上述各教学方法时采用了相似的结构，包括如下六个子模块：

◇简要介绍该教学方法。

◇有效执行该教学方法的方式。

◇运用该教学方法时应该规避的常见错误。

◇根据所定学习目标，在小学、中学课堂教学中运用该策略的正例（examples）与反例（nonexamples）。

◇监控学生达成预期结果的措施。

◇满足学生个性化教学之需的支架教学和拓展教学策略。

教学方法 1　利用五大工具梳理知识

梳理知识，简单来说就是转变原有认知（changing one's mind）。例如，你会逐渐地甚至突然地意识到：曾经对某一事件做出的精确表述、对某件事特别有效的处理方式，对当前来说已然失效。此时，你需要审视一下与该事件相关的一些陈述性知识，回顾一遍做这件事长期形成的固定程式，然后就会慢慢察觉确实存在的一些问题。这样，将不断有更翔实、更精确的信息填补之前的知识空白，并最终完成知识体系的梳理、完善。在持续复习、回顾先前知识的过程中，你终将能够构建自己的新知识体系。这些新知识很多将在你的长时记忆的图式结构中永久保存下来。你在知识梳理技能上也许可以称得上是一名专家，然而，作为一名教师，你需要将梳理知识这样一个内隐过程变成学生可见、可触的外显过程。如下教学方法也许可以帮助你做到这一点。

如何利用五大基本工具有效梳理知识

请回忆知识梳理的五大基本工具，即梳理知识的五个子过程：（1）复习、检查对先前知识的理解情况；（2）找出错误并更正；（3）找出知识盲区并弥补；（4）确定补充、更新先前所学知识的哪些方面；（5）梳理先前知识之后解释梳理的原因。

教师在指导学生梳理先前所学知识之前，必须做好几项准备工作，如表 1.1 所列。一旦采纳并内化了这一系列步骤，你将乐意在知识梳理过程中主动应用这些基本要点；一旦掌握、精通了这些知识梳理的基本要点，你就可以应用本书中任何其他教学方法或者自己摸索新的教学方法进行尝试、实践。

表 1.1　运用知识梳理的七个步骤

基本步骤	说明
1. 掌握知识梳理的含义及相关认知过程	教师就自己如何梳理先前所学重要内容，用心创设一个情境，作为样例分享给学生；或者与学生分享教师个人生活经历中的样例，引起他们的共鸣。这样做的出发点是帮助学生认识到梳理知识并非神秘、深奥的过程，而是每一位热爱思考的学生都要做且能做到的
2. 针对所教学生的年龄段及知识水平，建立一套适宜的知识梳理的概念	表 1.2 呈现了两组适宜的概念：一组适合比较年幼的学生，另一组适合年龄稍微大一点的学生。教师需要先回顾这些定义，必要的话还要进行梳理，这样在分享给学生时会更流利、更自如。这样做是为了让学生熟悉理解知识梳理这一概念，为以后的日常运用打下基础
3. 合适的话，为自己准备的概念设计制作一份宣传海报	图 1.1 是为较年幼学生设计的一份简单海报样例
4. 将适宜的梳理知识概念直接教给学生，同时简要示范概念运用的具体方面，让学生观看、倾听	表 1.3 是一份教学计划，用于指导和示范学生如何梳理先前所学知识
5. 将知识梳理的意义直接教给学生，同时利用学生熟悉的知识内容，示范知识梳理的方方面面	使用熟悉知识内容的原因：如果在学生学习新操作过程中还必须尝试理解不熟悉的内容，可能导致学生认知负荷过载
6. 在课程某一章节或某一单元教学中，确定学生记录或呈现新知识的知识点，为梳理这些知识内容做好准备	记录和呈现所学新知识点，包括如下内容：（1）为学生梳理知识而设计的新模板或拷贝已有的模板；（2）学生自行购买的词汇本、课业笔记簿或者具有互动功能的笔记簿。表 1.4 就包含了一个梳理模板，“资料：课业笔记簿样例”就是一个具有互动功能的笔记，可供参考
7. 确保所有学生不仅记录下了知识要点（记录了笔记、关键词汇、短语或句子），解决了问题而且能展示所学知识（利用绘图、图表或图形组织者）	着手指导或向学生示范梳理先前所学知识的具体步骤时，需要提前做好以下准备工作：学生在课堂上已经学会了做笔记、进行总结等常规课堂活动。表 1.7 描述了学生获得新知识需要掌握的方法

运用表 1.2 中适合不同年龄学生理解水平的知识梳理概念，确定课堂上的知识梳理过程。倘若学生能够用知识梳理的五个子过程来界定、识别并探讨思考的全过程，无疑会增强对重要知识内容的深度思考与分析能力。

表 1.2 适合不同年龄学生理解水平的知识梳理五要素及定义

知识梳理的要素	适合年幼学生之定义	适合年龄稍大学生之定义
1. 回顾讨论先前对所学内容的理解	看一看你所画的图，你所解决的问题或者你写下的句子，想想是否还有要补充或修改的地方	回顾你记录（写下）或展示（绘出）的材料，并对作品的精确度和完整度做出评判或进行总结
2. 找出错误，更正错误	看看你能否找出任意错误，并尝试改正	找出推理、事实理解或者执行程序中的错误并纠正
3. 找出知识的疏漏之处，填补漏洞	在数学题解题步骤中找到需要完善的细节之处，尽管你的解题基本正确，但补充一些数据与步骤能使解题完美	在笔记或者图表中找到部分正确或者表述不完整的地方，查漏补缺，将其补充完整
4. 确定从哪里着手补充新知识	回忆你刚开始接触本主题时的情形，想想到现在你已经了解了哪些新事物；应用你所掌握的新知识，改进你的作品，展示你的进步	确认你已学了哪些新知识、新程序，然后将其添加到你的笔记簿、图表或者问题解决图式中
5. 解释知识梳理的理由	说一说为何对你的作品做如此更改	就你做的修改解释你的想法

如何梳理知识

复习：仔细阅读你写的文本，认真思考。

更正：找出错误并更正。

检查：复习书本，查阅网站、期刊或其他资料，确定从哪里能够找到需要的资源。

选择：从你查找到的资料中挑选出最重要的。

联系：将你查找到的资料放在一起，尝试解答需要解决的问题。

图 1.1　如何梳理知识的海报

图 1.2 为梳理先前所学知识的要点图（anchor chart），该图为刚开始接触知识梳理的低年级学生和存在语言或学习障碍的高年级学生提供了有用的学习支架。

1. 特别仔细地查看你做的笔记或绘制的图表，并思考：它们有意义吗？它们看起来完整吗？
2. 如果你犯了错误，将其更正。
3. 若你遗漏了一些东西，请现在将其补充进来。
4. 添补你新学到的知识内容。
5. 此时，告诉同伴你做出更改的理由，或写一句话来说明自己做出的更改。

图 1.2　梳理先前所学知识的要点图样例

表 1.3　知识梳理基本要点指导与示范的课堂设计

课时教学目标	学生能理解梳理先前知识的五个基本步骤
课时教学所需材料	一张海报，类似图 1.1 所示，包含梳理知识的五个基本要素，适合不同年龄的学生；一份记录先前知识的样例——采用学生熟悉的内容和材料，但需要包含错误或疏漏之处
教学步骤 1	教师解释复习先前所学内容的重要意义，并展示一份包含了先前所学内容的材料；然后教师用“出声思考”（think aloud）的方式说出复习这份材料时要做什么；教师小声朗读先前所学内容，想一想它写了些什么；教师用出声思考的方式说出他想要改变的一些内容
教学步骤 2	进入知识梳理的第二个环节：找出错误，纠正错误。教师询问学生是否能够找出材料中的错误之处，并告诉他们如何更正。由于材料内容是学生先前所学过的，因此学生应该能够快速指出错误并将其更正
教学步骤 3	教师继续给学生讲解第三个步骤的意义：找出知识的遗漏之处，并弥补疏漏。教师让学生在黑板上写出疏漏的知识内容
教学步骤 4	随后，教师给学生讲解第四个步骤的意义：让学生思考学习该主题知识以来，自己学到了哪些知识；让学生对样例进行修改补充，看看自己现在学到了什么
教学步骤 5	教师现在向学生解释梳理该知识的理由，教师还可以补充自己的独特经验与理由

表 1.4　知识梳理模板

我曾经认为	现在我明白了
（列出几点最初的理解）	（左栏所示理解发生的变化：补充新的知识，纠正错误的理解）

表 1.5　互动笔记簿样例（帕特里克的互动笔记簿）

笔记	梳理
（记录或呈现关键信息，这些知识可能源于教师教学展示、与同学共同学习、详细的阐述活动等）	（新的理解，新的观点，对错误理解的纠正，等等）
知识梳理可能用到的起始句式： 我了解到…… 我学到的内容是…… 我注意到…… 当……时我对这一概念的看法有了改变 我还是不太懂得…… 之前我认为……，但现在我认为……	

表 1.6 列举了几项学生学习活动，需要他们在梳理模板或互动笔记簿上记录并呈现新知识。回忆一下，我们从引言开始就强调，学生必须具备一些先前知识，包括事实、观点、概念、程序等。下表旨在解释学习过程中关键活动的步骤，而非严格的定义，各项学习活动的持续时间由学生以及学习内容决定。

表 1.6　学习活动的序列

内容安排	学习活动序列
第一部分	教师开始一个新单元的内容，首先是预习活动，然后对主要内容模块给出一个初步展示
第二部分	教师讲解新的知识内容模块后，停止讲述，让学生与其同伴或者合作小组一起加工（P 指 Process）、详细阐述（E 指 Elaborate）并记录（R 指 Record）或呈现（R 指 Represent）他们对新知识内容的理解。理想情况下，教师要在开展每一个新的内容模块教学之前，都让学生进行 PER 诸项活动
第三部分	循环上述过程，直到一课或一单元所有主要的内容模块都被引入学习
第四部分	教师让学生复习之前课堂的主要内容模块，然后布置一个“内容活动”（content activity）帮助学生深化对知识的理解，练习掌握操作技能、策略或程序。这些活动通常更富有挑战性。在活动进行过程中，教师要逐渐减少对学生的指导、控制。如有必要，还可以布置有针对性的家庭作业
第五部分	只有在学生拥有充足的时间充分练习所学知识、充分加深对知识的理解之后，我们才能期待学生能够梳理所学知识

常见错误

我们在使用新的教学方法时，往往可能遇到一些无法预知的错误。那么，事先了解哪些地方容易出问题，将最大可能地帮助我们避开雷区，成功运用这一新的教学方法。教师在指导学生如何运用基本原理梳理先前所学知识时，要小心避开易犯的常见错误：

◇教师未花必要的时间规划教学和组织各种学习活动，而这些活动是梳理知识的必要前提。

◇教师未能直接指导或示范核心内容词汇，这些词汇是学生与同伴或教师一起讨论并开展梳理知识活动所必需的。

◇教师未能将梳理所学知识的任务逐渐转交给学生自己，而是通过讲课灌输给学生过多内容。

利用五大基本工具梳理知识的正例与反例

下面分别用正例与反例，阐释教师如何在小学与中学课堂中，利用五大基本工具梳理先前所学知识。

小学利用五大基本工具梳理知识的正例

在本实例中，学习目标是让学生针对单词的关系及其意义的细微差别，展示他们的理解（CCSS. ELA-Literacy.L2.4.E）。二年级的老师想要让学生更加深刻地理解知识梳理的每一要点，这样学生们才能在进行知识梳理时承担起更多责任。在本实例中一个二年级班级刚刚完成一个科学课程单元，虽然从表面看学生似乎已经理解了所学内容，也能够在互动笔记簿上记录一些要点，但是梳理先前所学知识的过程并不舒畅。学生在进行知识梳理时漫不经心、走马观花，一些学生甚至看起来都不太明白自己应该做什么。

现在，教师计划直接指导学生梳理知识并进行示范，让学生理解词与词之间的关系，并能够在先前学习的背景知识之下辨析词语之间的细微差别。教师教学时决定为二年级的学生进一步简化知识梳理的五个步骤，并准备了词语的图片索引来强化即将讲授的单词与短语的意义。这五个步骤包括：（1）复习；（2）更正错误；（3）查漏补缺；（4）补充新知识；（5）解释理由。

孩子们，今天上午这节课，我们一起来学习如何更好地做课业笔记，记录我们所学过的内容。现在，我来给大家展示我是如何改进笔记簿上的笔记的，这样你们也能依葫芦画瓢改进你们的笔记。首先，我们需要复习先前所做笔记。我将给大家展示我是如何复习我的笔记内容的：我先默读笔记，确保没有遗漏重要的知识点；默读的时候我在想，本周我又学习了很多新知识，我应该可以将笔记整理得更好。大家一起看看我的笔记，你们觉得有哪些地方需要改进的？（有几名学生指出教师笔记中的错误）嗯，不错，我很同意你们的观点。那么，在我复习了笔记之后（教师指着单词及其图片索引），接下来我要做的是更正我笔记中的错误，我将画掉笔记中一些词而用更好的词语来取代。

那么记住，我首先做的是复习，然后是纠正错误。现在我将查漏补缺。查漏补缺指的是笔记簿上一些部分正确的内容，大家帮我看看我应该写下什么内容让笔记完全正确。（学生们指出教师为展示所学应该写下而没有写下的知识内容）现在，让我们回顾一下至此进行过的步骤：首先是复习，其次是纠正错误，然后是查漏补缺，将我们之前忘记记下的知识点补上。现在，我们要增添补充更多内容。增补意味着我们要找出笔记簿中没有的新知识点。哪位同学来试着帮我指出，在笔记簿里要增补什么新的学习内容？（学生给出了几条合适的建议，然后教师将学生的建议写在笔记簿上）

你们做得真棒，同学们！现在我要做的最后一件事是解释原因。这就是说我必须告诉大家我为什么要做出这些更改。如果没有思考自己做出修改和补充的原因，我就没有办法做好修改和补充工作。

在笔记簿上每进行一次修改，教师都应该向学生解释如此修改的理由。这么做可以复习并向学生示范知识梳理的五个关键步骤，同时也可以提醒学生，在梳理先前知识时，这五个关键词要发挥协同作用。随后，教师让学生取回课业笔记簿，按照知识梳理的步骤，花几分钟时间仔细检查他们最近所做的笔记：复习所学并查找到错误，更正错误，查漏补缺，添补新信息。学生完成了上述四步后，教师指导学生与指定的学习同伴坐到一起并互相交换笔记簿。随后要求学生指出自己的同伴更正了哪些错误，查漏补缺了哪些内容，增补了哪些新学内容。最后，教师让学生向自己的学习同伴解释为何做这样的更改补充。其间，教师在整个教室巡视，扫读课业笔记簿，看一看他们写了些什么，听一听学生解释做出更改的原因。

小学利用五大基本工具梳理知识的反例

在反例中，教师有相同的教学目标，也注意到学生在先前知识梳理及重点内容理解中存在相同问题，所以决定花些时间解释知识梳理的五个方面让学生参照执行。因为已经是第二次给学生们讲知识梳理的过程了，他把讲解时间压得很紧，也没有做海报，甚至不太情愿为学生提供示范指导。他觉得要给学生展示自己的笔记簿——里面还存在疏漏、错误甚至完全忽略了一些重要内容，感觉非常不好。最终，他只是口头重复了上次讲解的梳理知识相关信息，随后就让学生开始在课业笔记簿上梳理所学知识。整个过程中，教师既没有给学生提供视觉化的线索，也没有在教学中给学生提供示范、支持，这是非常不足取的。这种做法会让大部分学生感到困惑，无法掌握梳理知识的步骤。

中学利用五大基本工具梳理知识的正例

一位高中科学教师特别注重让学生在互动笔记簿上梳理知识，反对漫不经心、粗心大意的行为。这一案例的学习目标是：用实例解释光合作用如何将光能转化并储存为化学能。给学生示范的例子包含转化图、化学反应式及概念模型（Next Generation Science Standards，HS-LS1-5）。教师为学生创建了一个互动模板，让他们在梳理先前知识时按图索骥。梳理先前所学知识的互动模板见表 1.7。

表 1.7 梳理先前所学知识的互动模板

阅读相关指导	回答下列问题	再回答以下问题
回顾你所记录（写）或展示（画）的内容，就其精确性与完整性给出评价或者做出结论	对自己的笔记的精确性和完整性有何结论?	你得出此结论的理由是什么?
找出推理、事实或者程序上的错误，并更正	在推理中你有没有犯什么错误? 在事实型知识上你有没有犯错误?	你将如何更正推理中的错误? 你将如何更正事实型知识错误?
确定你的笔记簿上是否存在部分错误或者不太完整的表述，并改正或补充完善	在你的笔记簿或所绘的梳理图上，哪些地方的表述不完整、表征不充分?	你将如何填补这些知识疏漏之处?
确定你新学了哪些知识或者程序，将其补充到你的笔记簿、图表或者你的问题中	你在陈述先前所学知识时，遗漏了哪些新知识或重点内容?	你将补充什么内容?
解释你做出这些更改的理由	在今后的学习中如何避免上述问题出现?	出现如此多错误、不足与疏漏的原因是什么?

教师回顾梳理知识的基本步骤，利用各种课堂笔记向学生展示如何输入、加工、精细处理、记录和呈现所学内容。教师利用所做笔记和绘图，展示如何仔细检视、查漏补缺，给学生示范知识梳理过程。

> 同学们，看得出，一部分同学对自己粗枝大叶的思考习惯还是感觉很无奈。上述知识梳理活动对你们学习本门课的有关内容是非常重要的。
>
> 知识梳理可以帮助大家在学习各类科学知识过程中加深理解。
>
> 如果不进行知识梳理，笔记簿中错误的想法和理解就会在你的头脑中反复出现，这将影响你的整个学期，整个高中、大学乃至你的一生。

中学利用五大基本工具梳理知识的反例

在反例中，教师虽然教了计划相似的课程，但没有建立交互式梳理模板，也不向学生示范自己在梳理知识时是如何思考的。她只是指出学生梳理知识中存在的不足，缺乏清晰的指导，譬如互动模板的演示和教师的亲身示范等。长此以往，学生在梳理知识时将无法得到本质提升。

确定学生能否利用基本工具梳理知识

教师监控包括两个方面：（1）学生是否能够展现出教学策略的预期效果。这种情况下，可以让学生在合适的模板或笔记簿上梳理先前所学知识。（2）教师能否及时检查预期效果，针对学生学习过程及时反馈。以下几点具体技巧将帮助我们检查学生知识梳理能力的情况：

◇学生检查自己梳理笔记的情况，进行必要更正与补充；同时，教师在教室巡视，检查学生的梳理情况。

◇学生上交知识梳理记录，教师检查并确定学生任务完成的准确与清晰程度。

◇教师仔细聆听学习小组讨论，了解学生对知识梳理笔记做相应更改的理由。

表 1.8 为学生梳理知识的熟练程度量规，展示的是学生利用知识梳理来加深理解、拓展重点内容的不同熟练程度。教师可以利用该表来精准定位学生达到预期学习效果的程度。

表 1.8　学生利用基本工具梳理知识的熟练程度量规

新手入门	基本掌握	预期达标
学生努力梳理其记录在指定模板或笔记簿上的知识要点 学生不能确定需要增加或修改哪些信息	学生能确认记录在指定模板或笔记簿中的初始信息正确与否 学生能检查并补充原本正确的表述；能更正、修改之前错误的概念和理解 学生并不确保能解释做出如此修改、完善的理由	学生能够顺利梳理记录在模板或笔记簿上的所学知识，而且能给出如此梳理的理由

教学方法 2　利用课业笔记簿梳理知识

如果你以前没有在课堂上使用过课业笔记簿，那么首先思考以下几点：

◇课业笔记簿不是学生在教师上课时记录、保存讲课要点的地方。

◇课业笔记簿不是收纳教师分发的讲义、试题的地方。

◇课业笔记簿不是用以记录教学要点及教学日历的任务记录簿。

◇课业笔记簿也不是家庭作业库。

◇课业笔记簿很少或者从不让学生们带到家里。

那么，课业笔记簿究竟是什么呢？课业笔记簿，又常叫作互动笔记簿（interactive notebook），是包含学生对所学内容进行分析与综合的持续记录。在课业笔记簿上，学生标注开始学习某一主题的日期，根据一小段时间内所学内容（包括教师上课讲述、视频课程、学生阅读）做出总结性笔记，也可以记下对学习内容的反应、提问与回答，对学习过程的反思，在学习过程中做的梳理等。课业笔记簿还可以记下他们想要学习了解的内容，或者对某日学习经历的发问。一句话，课业笔记簿上包含一系列学生对内容理解的记录。也许，你也保管了学业成长记录，比如从小学开始的成绩报告单、从高中开始的每一份期末试卷，从本科开始的论文。这些文本就是你在各学科陈述性知识和程序性知识（如用于写作的程序性知识）上的一系列成长记录。如果你翻看这些以前的作业，你一定会震惊于自己所知甚少而所错甚多。也许这些记录就是对学生们不断进步过程的鼓励。总之，课业笔记簿确实能给教师和学生自己带来看得见摸得着的、持续的学习情况记录。

进行知识梳理时，如下几个规范性（organizational）、组织性（scheduling）或程式化（formatting）问题，需要教师和学生们提前达成共识并遵照执行：

◇如前所述，除了个别情况，课业笔记簿必须放在教室，而不能带到家里。

◇每个学习步骤之后——不管是新学习之初，还是深化学习或者练习关键内容之时，教师都要给予学生机会进行知识梳理。

◇笔记簿格式必须考虑全面，在各记录以及可视化工具之间要预留空间，让学生用于记录补充信息，或者删除错误信息。

◇通过教师或者媒体讲述课程信息后，学生要立即开展认知加工或者练习活动，随后就需要学生在笔记簿中记录新信息，这应该成为课堂的常规活动。

◇笔记簿可用于巩固所学，亦可用于考前复习。

如何利用课业笔记簿有效梳理知识

有多种方式展示并教给学生如何利用笔记簿梳理所学知识。第一种方式是本书中每一条教学方法的前提条件：在课业笔记簿上梳理所学知识时，要给学生直接指导、示范并辅之以指导性练习。一旦学生越来越习惯于独立自主进行知识梳理，教师就需要指导他们自行承担更多知识梳理的责任。譬如可以通过学生主导的学习会议引领学生，学生在会议上要反思自己知识梳理的过程，就重点内容提问。随着学生在知识梳理中越来越自信，教师还可以借力合作学习推进以下三种不同的同伴复习过程：（1）同伴复习、反馈；（2）查阅、比较、解释；（3）赞同、反对、解释理由。

直接指导学生如何利用课业笔记簿梳理先前所学知识

学生在课业笔记簿上梳理知识时，需要依据表 1.6 所示学习活动序列，进行记录（写下笔记或者快速列出提纲）或展示（速绘知识脉络或者建立组织结构图）。此时，学生随时要在课业笔记簿上进行记录。第二天，教师给他们播放与重点内容相关的视频，并给学生几分钟时间与同学分享这第二次重点内容的学习体验，以帮助学生从老师的讲授中澄清理解错误之处或者补充一些新的内容。然后，是时候让学生们自行梳理知识了。

表 2.1 是以光合作用概念教学为基础设计的知识梳理课堂计划实例。第一栏列出了知识梳理的五个步骤；第二栏总结了教师给予学生的指导；第三栏为我们通盘展示了知识梳理的各个方面，让我们对学生利用课业笔记簿进

行知识梳理的过程形成整体概念。

开始的时候，教师可能需要给学生复习一下专用词汇，或者反复多次给学生示范梳理过程。这样的投入是值得的，当学生开始越来越独立自主地进行重点知识梳理的时候，教师就能够意识到提前准备的重要性。

表 2.1　示范知识梳理的课堂计划

知识梳理的五个步骤	教师给予学生的指导	表 2.2 和图 2.1 中的实例
1. 复习或回顾先前所学知识	学生快速阅读自己在教师讲解光合作用之后记下的笔记并进行思考	表 2.2 是摘自学生课业笔记簿的一页。表左侧的笔记与表 1.7 中类似，是一节课后学生所做的记录
2. 找出错误之处并更正	看了视频后，让学生尝试寻找笔记中的错误	表 2.2 右侧一栏是学生在找出错误并更正之后的知识梳理记录。表述 A 指的是笔记中表述 1 中存在的错误及做的更正
3. 找出知识疏漏之处	找出笔记中是否有部分正确或者表述不完整的地方	表述 B 和 C 展示的是学生找出了知识理解上的漏洞，对光合作用过程给出了更加准确的重述
4. 更新、补充先前知识	利用图形组织者展示的信息，让学生在笔记簿上补充新知识	表述 D 展示的是学生通过创建图形组织者补充完善了知识，如图 2.1 所示
5. 解释知识梳理的理由	说出对知识做出如此梳理的理由	表述 E 解释了学生做出如此梳理的理由

表 2.2 展示的是一名学生找出错疏之处并更正之后在其课业笔记簿上进行的知识梳理实例。

表 2.2　梳理知识的五大基本工具应用实例

笔记	梳理
1. ~~光合作用使叶绿素让叶子变绿~~	A. 我一度以为叶绿素是光合作用的产物。这一表述（指笔记 1）是错误的 植物利用叶绿素——让叶子变绿的物质——来吸收来自太阳的光线

（续表）

笔记	梳理
2.~~光合作用使植物通过根来吸收水分~~	B. 当我看了视频之后，我改变了之前对光合作用概念的理解。虽然植物确实通过它们的根来吸收水分，这确实是光合作用过程的一部分，但并非全部。这一表述（指笔记 2）是不完整的，现在我对光合作用有了新的看法：光合作用是植物制造自己的食物的过程
3.~~二氧化碳和氧气是光合作用的一部分~~	C. 我现在意识到这一表述（指笔记 3）是非常混乱的，现在有更好的方式来表述：水和二氧化碳都是光合作用的原材料，而氧气和葡萄糖则是光合作用过程的产物 D. 我将勾勒出光合作用的过程，以确保我能让光合作用过程中每一样事物都“各得其所”“各行其道”。（见图 2.1 学生总结的光合作用过程关系图） E. 我之所以对光合作用知识进行了梳理，是因为我现在对光合作用有了更好的理解。光合作用是植物制造其食物的过程

注：关于光合作用的材料节选自“光合作用”教学视频。TV411 学习频道，教育发展中心有限公司。

图 2.1 是一名学生的总结，用于展现他对光合作用的理解现状。随着课

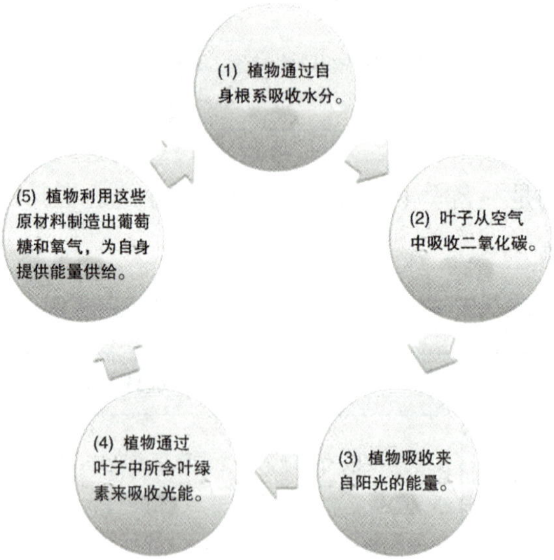

图 2.1 光合作用过程总结性示意图

程学习的不断深入，这名学生还将利用新的知识继续梳理这一总结性示意图。

虽然老师会有规律地抽时间督查学生的笔记并定期给予反馈，但下面的学习活动要求学生承担起更多自我督查的责任。

利用学生组织的讨论会在课业笔记簿上梳理知识

由学生组织讨论会，并有老师参与其中，是利用课业笔记簿复习和梳理知识的方式之一。学生们的讨论会可以按照要求预先安排好，也可由教师或者学生自行安排，但要强调的是，学生为其组织的讨论会全权负责。教师需要帮助学生克服主持讨论会带来的焦虑心理，方法之一是与一两个或更多比较自信的同学一起进行讨论会角色扮演。所有学生参与的讨论会，可以几天或几周举行一次，按计划定期举行。举行讨论会最有效的时间应该是在某项大型测试评估之前，或者在为测试评估做准备的时候。如下几条指导方针可以使学生主导的讨论更有成效：

◇要求学生在讨论会之前仔细检查自己的笔记簿，标记出有疑问的地方，或针对笔记内容提出具体问题。

◇期待由学生主导、引领对话与讨论过程，但在必要之时教师应提供相关指导。

◇事先为讨论会做好规划与准备，针对讨论会对学生的笔记提前做好记录，找出其优点和有待改进的地方，会上进行商讨，使讨论会尽可能有所收效。

◇要对学生有耐心，要智慧地利用好等待时间。

◇利用一切可给予指导的时机。

◇将讨论会时间控制在 10 ~12 分钟。

◇给学生提出一些后续改进建议来结束讨论会，建议要基于学生提出的观点和教师给出的反馈。

当学生掌握了在课业笔记簿上梳理知识的基本要点，能与教师在他们主持的讨论会上进行富有成效的讨论时，教师就需要考虑运用同伴互检方法

（peer review），将更多知识梳理的职责让渡给学生。

利用同伴互检课业笔记簿来梳理知识

一对一同伴互检是强有力的知识梳理方法之一，该方法通过一系列问题为学生互相检查互动笔记簿提供指导。表 2.3 给出了一份完整的同伴互检表，用于登记学生互相检查的情况，互检表内容为表 2.2 和图 2.1 所阐释的光合作用。

在学生进入同伴互检活动之前，教师应该示范同伴互检的具体过程。如果学生亲见了一个范例，他们将对如何与同伴互动有更好的想法。可参看以下指导：（1）给学生一份同伴互检表，互检表模板见附录“资源：课业笔记簿同伴互检模板”；（2）指导学生与指定的互检同伴交换互动笔记簿；（3）让学生安静地检查同伴的互动笔记簿，并迅速写下表上问题的答案；（4）学生回答完问题后，互相换回表格，利用同伴提出的信息，对自己的互动笔记簿进行必要梳理。

如果是首次安排学生开展互检，需要分配更多的时间。然而，当互检活动成为班级常规后，学生开展互检活动的时间应该少于 10 分钟。

表 2.3　完整的同伴互检表

浏览问题，检查同伴互动笔记簿后，决定如何作答	在此栏作答
你的同伴应用了什么方法（如是否利用了图形组织者、流程图、概念图、图示或者象形图）来呈现信息，使得信息呈现得特别清晰、明了，特别适合信息的记录？	我觉得用图形组织者呈现光合作用循环非常棒
有哪些信息是同伴在互动笔记簿上记录了而被你疏忽了的？	他所写的总结非常清晰、易懂，我没有写出这样好的总结
你认为同伴的互动笔记簿上记录的最重要的信息是什么？	我认为这段总结是他互动笔记簿上最重要的信息

（续表）

浏览问题，检查同伴互动笔记簿后，决定如何作答	在此栏作答
你认为同伴的互动笔记簿上记录的信息需要改进的地方是什么？	我想，他是否可以画一棵树或者一株草来表示光合作用中所有不同子过程。他的图形组织者还可以，但我更喜欢以一株草或一棵树来标注光合作用不同的子过程

注：表中所列问题节选自马扎诺的文章（Marzano，2012），回答为本书原创。

利用查阅、比较、解释在互动笔记簿上梳理知识

在互动笔记簿上通过同伴互检进行知识梳理的另一方法是“查阅、比较、解释”。在这一教学活动中，同学们细读同伴的互动笔记簿，将同伴的笔记与自己的进行比较。通过这样的活动，学生们将学会用不同的方式来记笔记，获取看待同一概念的新视角，并能够在活动结束后明确提出新的问题。表 2.4 就是一份查阅、比较、解释的表格模板。这一模板同样参见附录“资源：查阅、比较、解释表”。

表 2.4　查阅、比较、解释表

查阅：研读同学的笔记簿	比较：用所学新知识梳理自己的笔记	解释：与同学分享信息，找出疏漏或错误之处
1.		
2.		
3.		

朋辈商议（peer consulting）是一种非常有效的合作学习形式，能够让学生们有机会看看其他同学是如何记录、展示和梳理知识的。教师可以用收集查阅表，作为监控学生是否达成预期结果的重要手段；而我们的预期结果就是，学生学会在互动笔记簿上顺利梳理知识，利用其笔记进行拓展及应用所学知识。

利用赞同、反对、质疑在互动笔记簿上梳理知识

利用互动笔记簿梳理知识的第三种方法是“赞同、反对、质疑”，这种方法在3~5人小组间进行效果最佳。表2.5展示了学生记录论辩情况的表格。各小组成员比照笔记簿上本轮学习周期所记录的内容——包括教师讲解内容、与同伴一起学习掌握的内容以及笔记簿上最近记录并展现的知识要点。所有组员一起找出本小组一致认同和一致反对的观点，同时也找出还存在疑问的知识。各小组在全班面前汇报，教师总结陈述各小组一致认同、反对或存疑的地方。附录“资源：赞同、反对、质疑表”也列出了一份用于课堂教学的空白模板。

表2.5　赞同、反对、质疑表

本组一致同意的观点	本组一致反对的观点	本组尚存疑问之处
1.		
2.		
3.		

注：来自马扎诺的文章（Marzano，2007）。

常见错误

所有教学方法或多或少都对利用互动笔记簿梳理知识有用。不过，教师在教学设计之前应该事先了解并小心避免容易犯的常见错误，这对创造学生的成功学习经验有所帮助。教师在指导学生如何利用互动笔记簿梳理知识过程中，易犯的常见错误如下。

◇教师未能在学习各阶段为学生设计知识梳理环节。知识梳理并非一章或者一个单元的学习结束之时才需要进行的一次性学习活动，知识梳理是在教学循环中反复多次、灵活开展的过程。

◇教师未清楚这一点：工整、精准的语法和完美的拼写并不是记录和呈现知识的重点。知识梳理旨在帮助学生找出错误（既包括事实性错误也包括逻辑性错误），并在不断更正、补充、完善的过程中深化对知识的理解。

◇教师没有为学生示范知识梳理策略。示范可以用出声思考的方式展示如何复习、补充、更新先前知识，也可以提供互动笔记簿的样例给学生效仿。

◇教师没有预留足够的时间让学生多次复习先前所学知识并尝试修正、完善它们。

◇教师没有营造一种将知识梳理视作学习过程中极有效、极重要一环的学习氛围。

◇教师未能建立互动笔记簿管理章程并一以贯之、坚持执行，包括预留笔记簿空间进行知识梳理，安排固定时间定期进行知识梳理。

◇教师没能通过规范管理告诫学生在互动笔记簿上应该记什么、不应该记什么，无法让学生保持或加深对关键内容的理解。

◇教师未能安排时间，让学生们在总结性测评之前检查、纠正并补充其互动笔记簿上的内容。

课堂上利用互动笔记簿梳理知识的正例与反例

下面是两个利用互动笔记簿进行知识梳理的正例（一则小学，一则中学），同时给出了两个相应的反例。在研读这些例子的时候，请记得前面所说的常见错误，并想一想在每个例子中教师应该如何监控学生梳理知识以达到预期效果。

小学利用互动笔记簿梳理知识的正例

本例中具体学习目标是鼓励、支持学生找出文章主旨并复述重要细节内容（CCSS. ELA-Literacy.RI.K.2）。学前班教师使用的是英语语言文学课《共同核心国家标准》（ELA CCSS）为一年级学生编排的一篇课文《树是一种植物》——由克莱德·罗伯特·布拉（Clyde Robert Bulla）撰写、史黛丝·舒特（Stacey Schuett）配图。（New York： Harper Collins，2001）

孩子们，上午好！昨天我们一起阅读了《树是一种植物》这篇课文，我们学到了许多有关树的常识。今天，我将给大家再读一读这篇文章，我想要大家认真听，听出作者如何用细节来描述一棵树。记住哦，一个细节描写就是一个常识。每次出现一个新的细节描写时，我就会停下来，并让你们画出一幅小图画，表示出这个细节。你可以在互动笔记簿上画画。如果你画完了，请将你的笔记簿交上来给我。（过了一周，教师将学生的互动笔记簿发还给他们，然后开始讲课）孩子们，还记得上周我们学过的课文《树是一种植物》吗？我朗读这篇课文时，还让你们把听到的重要细节画在笔记簿上，是吗？今天，你们将与同伴合作，利用互动笔记簿上的图画来复述这个故事。每一位同学都将轮流讲一遍这个故事，听完其他同学讲故事后，希望大家从同学的故事里学到新知识，为你们的图画增添更多细节！

小学利用互动笔记簿梳理知识的反例

在反例中，教师用同样的标准和课文案例教学前班孩子学习，也让学生们在互动笔记簿上画下所了解的细节知识。几天之后，教师给学生展示一段有关树的特征的视频。但是，教师没有让学生结合视频资料中的知识检查互动笔记簿，学生没能补充修改上周创作的图画。如果每次拓展学习或者实践练习之后，学生没有进行知识梳理，那么无疑他们的学习机会减少了。

中学利用互动笔记簿梳理知识的正例

中学案例的教学目标是阐释《独立宣言》主要理念及其影响（US History 1.3 Massachusetts History and Social Science Curriculum Framework）。九年级学生已经学习了《独立宣言》及促成宣言诞生的事件。教师已经给学生一些时间记录并展示他们对《独立宣言》的理解。在又一次拓展学习活动中，教师让学生分小组合作为宣言做注解，随后让学生拿出他们的互动笔记簿，就当天学到的新知识梳理、更新自己的笔记。然后，教师让学生两人一组，利用教师所给的引导性问题互相检查对方的笔记。由于接近该单元课程结束，教师最后还有一个活动，让学生们再参与一次知识梳理活动，以进一步加强学生们对所学主题内容的理解。

> 同学们，你们与自己的同伴合作得非常好！现在需要你们在笔记簿上的空白页创建一个知识梳理模板。为创建自己的梳理模板，请同学们在页面中间画下一条横线，然后在页面左侧写下“我曾经认为”，并在右侧写下“现在我明白了”；再然后，请在右侧栏目写下你修正后的新的理解，在左侧写下你之前的理解；最后请与你的同伴分享你的梳理成果。

学生与同伴一起进行梳理，并相互比较各自新的理解。在给予学生足够时间与同伴分享观点之后，教师让学生代表上台与全体学生分享他们的理解。这样，每一名学生都能从两两一组的同伴学习中获益。表 2.6 展示了两名学生组成的学习小组共同创建的知识梳理模板实例。而前文所示表 1.4 其实就是这一实例的空白模板。

表 2.6 知识梳理模板实例

我曾经认为	现在我明白了
（列出几点最初的理解） 我曾经认为《独立宣言》不过是政客们所起草的政治文件	（左栏所示理解发生的变化：补充新的知识，纠正错误的理解） 现在我明白了，《独立宣言》是由美国国父起草的一份文件，要求美国与英国政府及其法律撇清关系

中学利用互动笔记簿梳理知识的反例

中学相关反例也是关于同样的学习任务：《独立宣言》。一个九年级的班级正在学习《独立宣言》以及促成宣言诞生的事件。然而，教师直接进入终极任务——要求学生用本单元所学的知识完成一项解决问题的任务。布置这样一个任务本身并没有错，但是选择的时机不当。此时，教师尚未确定学生在互动笔记簿上的记录是否准确、全面，不知道学生掌握的知识是否足以帮助他们顺利完成解题任务，就仓促进入问题解决环节。

确定学生能否利用互动笔记簿进行知识梳理

如前所述，监控学生达到明确的预期目标，是有效贯彻一项教学策略的重中之重。请记住，梳理知识的预期目标是让学生能够增补或删减先前所学知识以深化理解。监控学生利用互动笔记来梳理知识的方式有很多，如：

◇学生若能写下一个有挑战性的、发人深思的问题，说明他真正理解了笔记中的信息并渴望学习更多。

◇学生复习之前所记条目并将有所修改的内容记下来，教师在教室巡视、查看，以确保学生记录的信息准确无误；教师将学生的笔记收上来一一查阅，确认学生所记的每一项内容是否都没有错漏。

◇让学生与同伴讨论：整理先前所记条目后自己对知识的掌握状况是否发生了改变？同时教师在教室巡查并倾听其讨论。

◇学生在互动笔记簿上梳理知识之后，教师让他们合上笔记簿并在自己的白板或知识梳理卡片上写下其中一条重要的信息；然后，让学生将所写的信息白板或信息卡片举起来。这一活动要求学生将所梳理的信息长时间保持下来并归整到记忆系统。

◇让学生完成一道堂末测试（exit slip），用固定语句结构来表述自己的答案，例如：“对这一主题，我曾经认为______，但现在我认为________。”

表 2.7 展示的是学生利用互动笔记簿梳理知识的熟练程度量规，利用该表检测一下学生在增、删先前所学内容，深化对所学内容理解的过程中取得多少进步。

表 2.7　学生利用课业笔记簿梳理知识的熟练程度量规

新手入门	基本掌握	预期达标
学生努力梳理其记录在笔记簿上的知识要点 学生不能确定需要增加或修改哪些信息	学生能确认记录的初始信息正确与否 学生能检查并补充原本正确的表述；能更正、修改之前错误的概念和理解	学生能够成功梳理记录在课业笔记簿上的知识，而且在今后的学习中能继续拓展并应用这些知识

开展支架教学和拓展教学满足学生的需要

随着教师指导学生利用互动笔记簿梳理知识的技能越来越熟练，教师将发现自己越来越容易看出哪些学生或者学习小组需要更多的或者不同的教学支持。其中一些学生需要更多的教学支持或支架教学，帮助他们从目前的起点达到需要达到的终点；还有一些学生需要更多挑战，教师通过运用更多的拓展教学方法，期待他们更好地进行知识梳理。下面这些建议只是部分样例，可以参考使用，精准地满足不同学生的需求。

支架教学

如果发现个别学生或个别学习小组似乎无法把握知识梳理的概念，尝试以下方式调整自己的教学：

◇在主要内容讲解之后，教师要判断确定学生在记录和展示所学内容时是否需要更多帮助和支持。

◇和学生一起浏览他们的互动笔记簿，探讨笔记中的关键知识点，帮助学生找出并更正错误概念，或者补充一些重要知识点。

◇针对希望学生回顾、梳理的具体知识点，提供准确信息。

◇提供同伴支持，让那些有余力又乐于助人的同学帮助那些还需要努力的同学一起记录和展示所学知识。

拓展教学

◇让学生提出问题，看看他们能否将所学知识加以拓展，能否将所学知识与其他材料联系起来或者开展更深层次的学习。

◇让学生为特定的观众改写记录的知识，例如为更年幼的学生而改写，或者改写成脸书（Facebook）或推特（Twitter）上的公开图文。

◇让学生提出一组问题，学生可以利用这些问题更有效地帮助他们回顾并梳理笔记上的内容。

教学方法 3　利用核心内容词汇簿梳理知识

对许多学生来说，获得关键知识的最大障碍在于词汇知识（word knowledge）的匮乏。词汇知识狭义上指知晓、识记大量词语的词义；但是广义上讲，词汇知识指的是知晓一个词语在语言学上方方面面的内容（Nagy & Scott, 1990）。获得词汇知识不仅需要在长时记忆系统中增加大量词语的定义，深层次的词汇知识还需要学生将学术性、专业性词汇与自己已有的先前知识整合起来，创造出更复杂的图式。除非学生已经拥有足量的、合适的词汇来表达自己的知识与思想，否则让他们梳理先前所学知识不过是“巧妇难为无米之炊”！学生既需要了解一个词语的定义信息（definitional information），还需要了解使用它的上下文情境信息（contextual information），这样才能在阅读中正确理解，在课堂讨论及创作中准确无误地加以运用。学习新单词的定义，包括学习它的反义词、近义词，要让学生用自己的语言重写或重述，给出这个词使用正确与错误的例子，并将这个词与其他相关词汇进行比较、对照。学习新单词在上下文情境中的运用时，教师可以给学生列出几个不同的句子，阐释在不同的语言环境中应该怎样使用该词，也可以编创一段包含该词的小故事或小剧本；对于年纪更小的孩子，教师还可以让他们将这个词的意思表演出来或者在纸上画出来；当然也可以让学生们用这个词造句，或者在一个句子中使用多个新学的词语，让学生们感受到不同词语间的联系。总之一句话，本教学方法重在指导学生学会利用核心内容词汇簿来梳理先前所学的知识（McEwan，2009）。

如何有效利用核心内容词汇簿梳理知识

核心内容词汇簿（content vocabulary notebook）就其作用、组织和结构上来说，与互动笔记簿类似；不同之处在于，核心内容词汇簿关注的焦点是词在核心内容的语境中如何使用。核心内容词汇簿适用任意学科、任意年级，但对以下两类学生尤为有效：一类是在学习中存在读写困难、英语词汇不足的年幼学生，另一类是年龄较大不必运用互动笔记簿的学生。

核心内容词汇簿让学生们有机会持续不断地梳理、补充对关键词语的理解。这种梳理方法能够让学生在关键内容学习开始时就理解并掌握这一词语。随后，学生还需要反复多次在不同语境中接触同一词语，才能在随后的阅读情境中轻松确定该词的意思，在后续的讨论或写作中正确应用。表 3.1 展示了 10 多种加工或体验核心内容词汇的方法，通过各种不同方法让学生接触核心内容，扩展对关键内容的理解。表中所列技巧旨在阐释如何做，而非定义性的，这些加工活动是梳理先前所学核心内容词汇必不可少的先决条件。

表 3.1　处理、精细加工、记录、表征、运用核心内容词汇的方式

学生处理、精细加工、应用核心内容词汇的方式	供教师参考的具体说明
1. 在词汇墙或口袋词汇卡上认识单词	教师在展示新内容时或者在其他教学情境中，无论何时只要运用了一个新词语，都请着重指出这个词，这样学生才会将所书写的词语和所说出的词语联系起来。有些情况下，甚至可以将该词分成音节展示给学生，这样他们才能尝试正确说出或读出这个词语
2. 将词语与图片、模型、图表结合起来	你当然可以提供现成的可视化工具，但只有学生自己画出这些图或者自己建立词语与可视化工具之间的联系，工具才能发挥最大作用
3. 用自己的话写出该词的意思	学生应该有多次机会复习、回顾当初做出的界定，并进行更正、补充。教师应尝试引导学生给出精准的定义，但不应该直接给出定义
4. 将该词的意思表演出来	并非所有词都能通过肢体语言、神态动作或面部表情表现出来，但只要能够运用这种方式，表演总能为学生获取词汇意义提供有力支撑
5. 在所学该词的内容外，尝试用该词造另一个句子，以表明你晓得如何准确运用该词	在学生造句以表明是否明白该词意义时，如果学生遇到困难，教师可以演示如何写“表明你所知”的句子

（续表）

学生处理、精细加工、应用核心内容词汇的方式	供教师参考的具体说明
6. 与学习同伴讨论该词的意义及与内容的关系	在学生小组分享过程中，教师随时都要记得监控，确保他们的讨论准确、明晰
7. 听教师在关键内容讲解时运用该词	给学生讲解新内容时如果运用了核心词汇，记得在黑板或投影上显示该词汇，并明确指出。任何时候，如果学生能够既听到一个词，又看到它显示在屏幕上，这都为学生获取词汇准确意义提供了好机会
8. 在网络上的文章中读到该词	鼓励学生上网查找该词语，并备注是在哪里看到、读到的
9. 朗读、拼写、界定、书写该词	可同时利用这些方式处理词汇，帮助学生更快地掌握词汇的意义
10. 用一个图形组织者显示该词在其他语言环境下的各种不同意义	如果某词是所学新内容的关键的概念，教师要在教室的墙壁上画一幅概念地图，并明确表示出这一核心概念与所有相关词汇的关系
11. 就该词的意义提一个问题	学生也许能够用自己的话写出一个简单的定义，但对于词语的细微差别还存在疑问。此时，教师要鼓励他们在自己的词汇簿上记下自己的问题
12. 在课堂之外尝试运用该词，在数字媒体上看到或听到该词时记录下来	当学生第一次接触某些比较难的词语时，教师需要关注一个可能发生的好现象：学生常常被这个词所吸引，觉得在哪里都可以听到或者看到这个词语。当这一现象出现时，教师应该知道学生们正变得具有词感（word conscious）

表3.2展示了引入新核心内容词汇的六个步骤。表中一些内容会在这一教学方法的小学课堂实例中进行更深层次的阐述。

表 3.2 引入新核心内容词汇的六个步骤

教学步骤	核心内容词汇举例
1. 就新词语给学生描述、解释或者举个例子	有人曾用两个词来描述 1774 年英国国会通过的同一法案：无法忍受的法案和强制的法案。如果某事是不可忍受的，意味着你再也不能忍受下去，谁再也不能忍受呢？如果某事是强制的，意味着你正迫使某人做一些他们不想做的事，谁正在迫使人们做他们不想做的事呢？
2. 让学生用自己的话复述老师的描述、解释与案例	说一说哪一个词从英国国家的角度来描述这一法案，哪一个词又从殖民地民众的角度来描述这一法案
3. 让学生画一幅画或者一个图形组织者来表示这个词	让学生画一幅殖民地民众将价值百万美元（折算为今天的价值）的茶叶倒入波士顿港口以示抗议的图画
4. 让学生定期在自己的核心内容词汇簿上整理或者增添信息	在学生掌握更多关键内容并讨论词的意义之后，让学生们整理自己的定义，使之更综合、全面
5. 定期让学生与同伴讨论这个词	英国国会通过的四个法案的意义是什么？提醒学生两个词的意义：无法忍受的和强制的
6. 让学生进行游戏，或介绍一个新的图形组织者来复习和强化词语的意义	用“无法忍受的”和“强制的”这两个词构建一幅词语地图。对这两个词作对比

注：六个步骤节选自马扎诺和皮克林的文章（Marzano & Pickering，2005）。教学实例为本书原创。

利用核心内容词汇簿梳理知识

核心内容词汇簿的内容可以根据教学内容和学生特点来设计。表 3.3 举了笔记簿上某一行的例子，整页共四行，可参考附录“资源：核心内容词汇描述模板”。每一行都让学生记录下对一个核心概念或词语的理解，记录方式不限，可以用自己的语言记录，可以自己创建图画或图表，也可以用来自网络的照片或图形。

表 3.3 核心内容词汇梳理模板

用自己的语言阐述词的意义	我对该词的理解的示意图

常见错误

以下几条是利用核心内容词汇指导学生梳理知识时常出现的错误。

◇教师未能对学习过程中每一阶段学生所学核心词汇的梳理做好教学计划。

◇教师未能理解书写整洁、拼写精准和语法正确不是记录和表征知识的根本目的。知识梳理的目的是要让学生通过持续不断的梳理过程加深对关键、核心概念的理解。

◇教师未能示范如何用核心内容词汇进行知识梳理。

◇教师未能花必要的时间让学生有多次机会回顾先前所学知识，并进行梳理或修正。

◇教师没有营造一种将知识梳理视作学习过程中极有效、极重要一环的学习氛围。

◇教师没有建立并始终坚持这样一种管理核心内容词汇簿的方式，包括在笔记簿上安排空间存放核心词汇，给予学生规定时间及例行程式来梳理笔记簿上的内容。

◇教师没能通过规范管理告诫学生在词汇笔记簿上应该记什么、不应该记什么，无法让学生保持或加深对关键内容的理解。

◇教师未能安排时间，让学生们在总结性测评之前检查并纠正、补充核心内容词汇簿上的内容。

利用核心内容词汇簿或模板梳理知识的正例与反例

下面所举是两个利用核心词汇簿来梳理知识的正面案例（小学一例，中学一例）及相应的反例。回忆一下，之前本书就给出一个表（表 1.6），用以阐释一种引领学生梳理对先前所学概念理解的学习程式。

小学利用核心内容词汇簿梳理知识的正例

所举小学正面案例，其学习目标是从五年级水平程度的主题或学科内容中选一篇文章，就文中一般学科（general academic）和特定领域（domain-specific）的词汇或短语确定其意义（CCSS.ELA-Literacy.RI.4.4）。教师让五年级学生学习两个新核心词语：强制法案与无法容忍的法案，了解《独立宣言》产生的导火索。在组织结构图中，教师选取了“无法容忍”（intolerable）和“强制性”（coercive）这两个词来指导学生理解波士顿倾茶事件（Boston Tea Party）之后的历史。学生用了核心内容词汇梳理模板完整版，参见表 3.3 中的缩简形式。

同学们，我们已经学习了发生在马萨诸塞湾殖民地的几个重要历史事件，这些事件导致了《独立宣言》的诞生。今天，我们将关注两个词语，这两个词描述了英国国会在 1774 年通过的同一法案，其内容包括四个法令。英国政府将这些法令称为“强制性法案”（Coercive Acts），而殖民地居民称之为“无法容忍的法案”（Intolerable Acts）。如果你知道“无法容忍的”和“强制性的”两个词的意义，你很快就能指出究竟是什么导致了英国政府与殖民地居民之间战争的爆发。

现在还不需要做什么笔记。我想要你们听我讲解这两个词的意思，你们先记在大脑里：强制性和无法容忍。如果某件事无法容忍，意思是你再也不能容忍它了。是谁再也不能容忍什么了呢？如果某件事是强制性的，意思是有人试图迫使你做某件你不想去做的事。现在，想一想你曾经经历过什么无法容忍的事——嗯，我的哥哥在练习吹喇叭，他所有吹出的错误音调在我听来都是无法忍受的，我再也不能忍受了。或者，再想一想你曾经经历过哪些强迫去做的事——你被逼着去做一件你一点也不想去做的事，你感到自己受到了不公平的对待。

英国政府称他们通过的法案是强制性的，他们在逼迫殖民地居民去做他们不想做的事；而殖民地居民称这部法案是无法容忍的，他们简直不能忍受这种对待。老师想要你们转向自己的同伴，一起讨论这两个词。首先谈谈你发现什么事是你无法容忍的，再谈谈这个词如何将英国政府和殖民地居民联系起来。谁将这部法案称为无法容忍的法案？谁又将这部法案称为强制性法案？当你完成与同伴的讨论、分享后，请你与同伴一起大声朗读课文中所选内容，看看这部法案是什么内容，为什么要通过这样一部法案。朗读结束后，告诉你的同伴现在你对这部法案又有了哪些了解。

学生朗读完后，教师给每位学生分发一份核心词汇梳理页（参见附录“资源：核心内容词汇描述模板”）。教师向学生解释他们要记录的两个词组：“强制性法案”和“无法容忍的法案”。在页面左边，让学生尽可能多地写下他们学到的有关这部法案的知识；在页面右边，让学生画图或用图形来表示关于这部法案他们想记住的东西。下一周继续进行，教师增补一些相关知识，学生继续精细加工、处理相关知识。随着学生对两个词组的理解加深，他们从历史背景下获得了对“无法容忍的”和“强制性的”两个词更深刻的理解。表 3.4 和表 3.5 是词汇被第一次记入核心内容词汇簿的例子。

表 3.4　初次纳入核心内容词汇簿的案例

用自己的语言阐述词的意义	我对该词的理解的示意
如果某件事是无法容忍的，意思是这件事很糟糕，很恐怖，你再也不能忍受了 如果某件事是强制性的，意思是它是强加给你的	（用图片表示殖民地居民对殖民者的不满） 强制性的与无法容忍的

表 3.5　再次纳入核心内容词汇簿：社会研究

用自己的语言阐述词的意义	我对该词的理解的示意
“无法容忍的”描述的是一件你无法忍受的事。殖民地居民认为，英国国会颁布的法案太离谱了，我们无法接受 “强制性的”意思是使用某种暴力或压迫方式，使别人做你想要他们做的事，通常违背他人意愿。殖民地居民已经失控，我们必须逼迫他们做我们想要他们去做的事，给他们瞧瞧谁才是这里的老大	波士顿倾茶事件： 英国议会通过了强制性法案（被殖民地居民称为无法容忍的法案） 其他殖民地居民涌向波士顿声援当地的殖民地居民，不让强制性法案按照国会的意愿生效，每个人都团结一心反抗英国政府

小学利用核心内容词汇簿梳理知识的反例

所举小学反例中，其学习目标也是从五年级水平程度的主题或学科内容中选一篇文章，就文中一般学科和特定领域的词或短语确定其意义（CCSS.ELA-Literacy.R.I.4.4）。反例是，教师对学生利用核心内容词汇簿来梳理关键词汇与概念理解抱很高期望。学生在第一次用笔记簿记录所学词语时做得很好，但教师没有给学生预留时间，学生们没有机会再次梳理自己所记内容，就转入了新的教学内容。使用核心内容词汇笔记簿的目的是让学生对较难的学术词汇及意义获得更深刻的理解。然而，学生在从教师那里获得更多知识之后，还需要一个过程定期对自己的知识体系进行更新。

中学利用核心内容词汇簿梳理知识的正例

在中学利用核心内容词汇簿来梳理知识的案例中，教学目的有二：其一是明确一些符号、关键术语及其他一些具体学科领域的单词和短语的意义，以及这些符号、单词、短语在九至十年级科学课教材中的运用（CCSS.ELA-Literacy.RST.9-10.4）；其二是源自科学课程的要求——用一个模型解释光合作用如何将光能转换存储为化学能。模型可以包括图表、化学方程式及概念模型。（*Next Generation Science Standards*, HS-LSI-5）

教师通过为期7天的核心内容讲授和一系列的教学活动，已经为九年级的学生们介绍了光合作用过程。教学活动中，学生在核心内容词汇簿第一页（参见附录“资源：核心内容词汇描述模板”）对自己所理解的光合作用进行处理、精细加工、记录并展示。学生翻到记录第一天学习该主题知识的那一页，在教师的要求下，首先回顾先前所学定义和先前所作示意图，之后在笔记簿上整理自己对光合作用的最终理解。

同学们，在就座之前，请你们拿出词汇簿，我们将用点时间整理一下我们本周开始时记录的知识内容。

大家看一看墙上的列表，上面是大家梳理先前所学知识时需要遵循的步骤（见教学方法1中图1.1）。学生们已经多次回顾、梳理光合作用的知识了，今天是最后一次总结本模块的学习。表3.6就是一名学生在核心内容词汇簿上记录“光合作用”特征的一页。

表 3.6 核心内容词汇簿记录实例：光合作用

用自己的语言阐述词的意义	我对该词的理解的示意图
光合作用是树木和花草发生的一种反应。光合作用过程需要空气、阳光、水的参与；另外，叶子中所含的叶绿素也是光合作用过程不可或缺的成分。光合作用需要的水通过树木或花草的根系获取	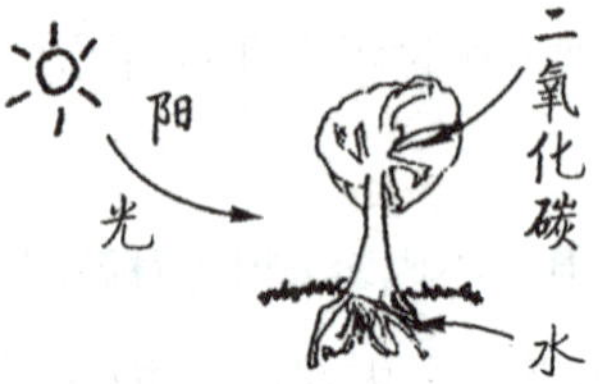
回顾我先前所作定义之后	**回顾我先前所画的示意图之后**
光合作用过程中同时进行着多个化学反应，因此我还需要了解更多的生物与化学知识来理解光合作用	$6H_2O + 6CO_2 \xrightarrow{\text{阳光}} C_6H_{12}O_6 + 6O_2$ 水+二氧化碳 $\xrightarrow{\text{阳光}}$ 葡萄糖+氧气
回顾我先前所作定义之后	**回顾我先前所画的示意图之后**
光合作用是植物制造自己食物的过程。光合作用是地球上的生命所必需的。当我们吃植物时，我们在消耗葡萄糖；光合作用过程中释放的氧气进入空气中供我们呼吸	反应物是水和二氧化碳， 生成物是葡萄糖和氧气。 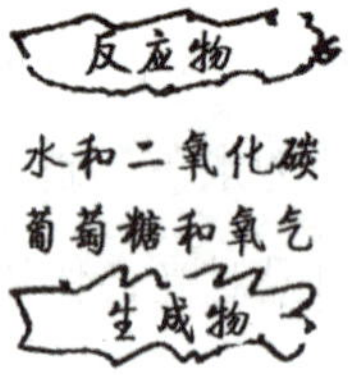
我最终的定义	**我最终的示意图**
光合作用是植物制造其食物的过程。利用“过程”一词来定义光合作用十分重要。“过程”是自然发生的一系列的事情。光合作用在叶绿体这种细胞器中发生	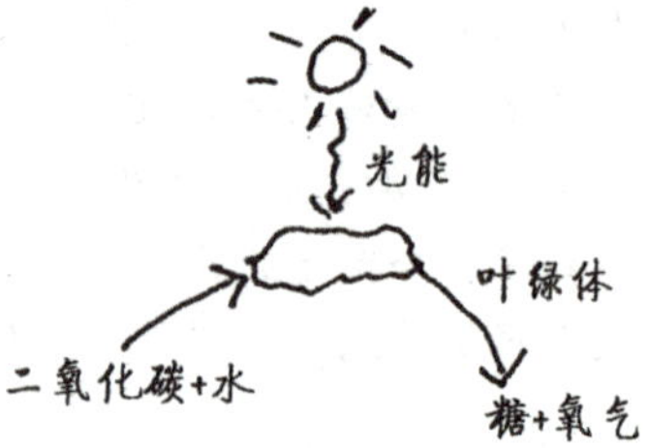

注：关于光合作用的材料节选自“光合作用”教学视频。TV411 学习频道，教育发展中心有限公司。

中学利用核心内容词汇簿梳理知识的反例

在中学利用核心内容词汇簿梳理知识的反例中，学生们的表现看起来完全不同。教师已经事先制作好了生动的 PPT 课件，上面充满了动画图片与新颖的内容。在老师看来，有如此多的材料要涉猎，有如此多的重要内容需要学生在如此短的时间熟悉，他只能分配给学生一点点时间在笔记簿上记录一两条内容。教师让学生取回自己的笔记簿并梳理先前所学内容，但学生既茫然于近期所接收的海量信息，又迷惑于知识梳理过程本身——他们还不能充分利用知识梳理的基本要点等来梳理先前所学知识。

确定学生能否利用核心内容词汇簿梳理知识

如下建议能帮助教师确定学生是否能利用核心内容词汇簿来梳理知识：

◇学生回顾之前学习的词语定义及示意图，然后记录并展示自己梳理的知识。教师在教室里巡视并查阅学生记录的条目，以确保学生记录的内容正确，并将学生的笔记收上来进一步检查学生所记条目是否正确。

◇学生与小组同伴一起讨论：从他们学习该主题以来，自己对核心词汇、概念的理解发生了怎样的变化？此时教师在教室内走动巡视并倾听学生的讨论情况。

◇学生在词汇簿上梳理所学知识之后，合上笔记簿，在自己的个人白板上写下自己认为重要的一条关键信息，然后举起白板。这一活动需要学生将词汇簿上梳理的知识在短时记忆中保持足够长的时间，并最终纳入记忆系统。

◇学生完成一张结束该主题学习的小纸条，回答问题，如：“对这一主题，之前我认为 ____________，但是现在我的理解是 ____________。”

利用表 3.7 所示的表格——学生应用核心内容词汇簿梳理知识的熟练程度量规，来确定学生补充、删减之前所学知识的能力进阶情况，加深学生对所学知识的理解。

表 3.7　学生应用核心内容词汇簿梳理知识的熟练程度量规

新手入门	基本掌握	预期达标
学生努力梳理其记录在笔记簿上的核心词汇定义和示意图 学生不能确定需要增加或修改哪些信息	学生确定他们之前所记录的定义部分的内容哪些是正确的，哪些是不完整的 学生回顾之前记录的核心词汇，对记录正确的定义做必要补充，对之前错误的概念或理解进行更正	学生能在其核心内容词汇簿上顺利梳理知识；能利用自己的词汇簿，将这些知识应用到整个单元的学习中

开展支架教学和拓展教学满足学生的需要

满足学生需要，意味着教学设计既要考虑学习比较吃力的学生，又要满足学有余力的学生。不管哪一种情况，教师的目的都是帮助学生们更加自主地利用核心内容词汇簿进行知识梳理。下面的样例可供参考。

支架教学

◇学生体验、学习关键内容之后，确定他们在记录、展示所学情况时是否需要教师提供更多支持。

◇给学生机会复习其在核心内容词汇簿上记录的内容，讨论关键知识点，帮助学生找出错误理解并更正、弥补缺漏的重要信息。

◇对每一条你想要学生回顾、梳理的核心词汇提供正确的定义。

◇通过同伴支持帮助部分学生记录和展示所学知识，例如让学有余力并乐于助人的学生帮助学习比较吃力的学生。

拓展教学

◇让学生提出问题，通过这些问题了解学生能否将目前所学与其他素材联系起来，了解学生是否能加深理解、拓展所学。

◇让学生用自己的话为特定的观众复述所学。例如，向低年级的学生复述，或者在脸书或推特平台上分享所学。

◇让学生提出一组问题，通过学有余力的同学向其提问，帮助他们更有效地回顾与梳理笔记簿上所记条目。

教学方法 4　利用可视化工具梳理知识

可视化工具指的是一系列非语言方式的知识表征方法，包括图形组织者、图片、图表、学生手绘、数字化表述、幻灯片展示等。可参考以下方法，利用可视化工具帮助学生梳理知识：

◇可视化工具适合任何科目、任何内容和任何层次的学生。

◇可视化工具能够表达复杂概念，能够精辟概括大段文字，对那些拥有强大视觉能力与空间技能，但对大批量文本阅读发怵的学生来说是一种福音。

◇可视化能够图形化、立体地刻画出思想观念，让复杂的概念与过程变得更加易懂、好记。

◇构建一个可视化的工具来梳理知识，这样学生就有了一个结构化的框架，可以将自己的知识结构纳入进来。这一过程会帮助学生找出自己的知识缺漏，转而进一步梳理自己所学的内容，甚至会迫使学生去选择一种更适合自己的可视化的知识展示工具。

◇在学生将关键词语和概念填入图表的圆圈或方框时，可视化工具要求学生将这些关键词或概念先提取出来。

◇可视化工具要求学生指出各概念间的相互关系。

◇可视化工具能够让学生更容易确定哪些信息是琐碎的、不重要的，也让他们更明晓尽管自己认为重要，但有些信息不能归到图形组织者中。

◇可视化的呈现方式可以用没有什么科技含量的纸笔创生出来，也可以用计算机软件来设计。

◇可视化工具与笔记系统（note-taking system）或者课业笔记簿等搭配使用效果最佳，学生不仅可以用来记录还可以用来展示所学知识。

◇可视化工具以教具和模型给学生带来亲身的、直观的体验，可弥补教师讲授和文本阅读的不足。

如何有效利用可视化工具梳理知识

如何利用可视化工具有效梳理知识？教师在制订教学计划时，不妨参考以下几条指导意见：

◇记住：可视化工具只对亲自创建它的主人具有价值。教师可以用课程模板来示范如何构建某种类型的图形组织者，但不要奢望通过几堂课的学习，就能够让学生像办公室复印机一样自动获得这种能力。呈现信息时，学生自己画的最杂乱的手绘图都比教师最精心制作的 PPT 更有效。使用可视化方式表征信息时，过程远远比结果更重要。

◇记住：教师不可能将世界上所有可视化方式都教给学生。因此，你要攻克的第一个难题是考察有限的一些可视化工具，然后选择对学生和所讲授内容可能最有效的几种。为了在课堂上使用，还需要提前编制可视化工具简单模板，最好一页纸一个模板，并为模板框架贴好清晰的标签。在梳理先前所学内容时，要让学生能够获取到模板。

◇记住：不能指望学生直接从课堂提供的模板库中选择图形组织者并顺利完成制作，必须先用学生熟悉的学习内容演示如何运用各种可视化工具。

表 4.1 展示的是教师示范如何应用可视化工具梳理知识的一堂基础课。

表 4.1　讲解、示范利用可视化工具梳理知识的教学计划

教学步骤	具体说明
1. 选择一种图形组织者，用以表征目前所学内容	如果教师针对教学内容给予学生各种模板，学生就会越来越熟悉图形组织者，越来越晓得如何最好地加以应用
2. 给学生展示几种组织模型（两个良构实例和两个错误反例）	解释构建这样一个图形组织者的目的以及怎样用来理解和记忆关键内容。不可过度夸大优秀例子与错误反例的作用。学生需要看一看好的例子是怎样的，但看的目的不是记住自己或其他学生所构建的图形组织者中的内容信息，而是要检视图形组织者中的概括性词语是否恰切

（续表）

教学步骤	具体说明
3. 解释各种图形组织者的框架模型（填有标签），描述哪种信息要填入图形组织者的哪个部分	开始的时候，学生需要清晰地为图形组织者框架标上标签，琢磨出哪个方框或圆圈要放哪个词语。记得要一直给学生提供图形组织者框架，直到他们开始创建自己的图形框架
4. 从即将开始学习的单元中选择一个词或概念，告知学生你将为他们示范（并以出声思考的方式大声说出）如何构建一个图形组织者	例如，用数学中的核心概念如分数、除法、倒数、除数、被除数和商，加上分数除法的一些性质等，构建一个概念地图
5. 给学生演示如何检验或提炼填充图形组织者所需的词或观点	战胜可能不愿示范的想法，示范时边想边大声说出过程，做学生的认知领袖
6. 将创建的图形组织者作为范例提供给学生。选择一个不同概念或主题，然后请学生志愿者帮助一起构建一个图形组织者，并与学生搭档一起完成它	在教室张贴学生创建的图形组织者，让学生就自己创建的图形组织者汇报心得

常见错误

和其他技巧一样，教师在给学生讲解、示范用可视化工具梳理知识的过程中，也会犯一些常见错误：

◇教师没有在教学计划中列入利用可视化工具梳理知识这一项。教学计划应该包括在学习进展过程中检查理解情况、进行知识梳理。

◇教师没能给学生示范梳理的策略。尽管学生可能已经熟悉如何创建可视化工具和使用图形组织者，但他们可能并不晓得如何利用这些可视化工具进行知识梳理。教师示范或提供样例，可以帮助学生成功进行梳理。

◇教师没有针对知识梳理过程的有效性和操作步数提前做计划。

◇教师在知识梳理过程中进行得太快。学生需要充足的时间来思考自己的错误理解、对知识疏漏之处修改补充。

◇在进入知识梳理过程前，教师没有给学生机会对所学知识加深理解或展开联系。学生不能梳理他们还没有领会的知识，只有学生对所学知识进行了充分的深化活动，如对陈述性知识多次加工、对程序性知识反复练习，知识梳理才可能有效进行。

◇教师未能在梳理过程中监控学生对概念的深化理解，未能确保学生梳理的信息是准确的。

利用可视化工具梳理知识的正例与反例

下面是利用可视化工具梳理知识的两个实例（一个小学，一个中学）及相应反例。当你阅读时，想一想当年你在课堂中求学的体验，或者你在同事课堂上观察到的经验，多考虑这些易犯的共性错误，记下样例中的教师如何聪明地避免这些错误，而反例中的教师因为对应用技巧缺少理解而忽略警示踩入雷区。同时，教师也要考虑如何监控学生，引导其通过梳理知识达到期望的目标。

小学利用可视化工具梳理知识的正例

小学的例子阐释了如何利用可视化工具进行知识梳理。学习目标是熟练地进行 100 以内的乘除运算，教会学生利用乘法和除法的相互关系（例如知道了 $8 \times 5 = 40$，我们就知道 $40 \div 5 = 8$）及运算的性质。（CCSS-Mathematics.3.OA.7）

教师开始自己的授课：

> 孩子们，老师为你们的努力学习感到骄傲。我们已经学了 10 以内的一位数与 10~90 中末尾都是 0 的整十数乘法。昨天我们进行了计算准确率检测，今天我们将一起更正错误。你们都清楚这是我们课堂上例行的活动。我将发回评改后的试卷，这样你们就能看到自己错在哪里。

教师预先给学生介绍了基于标准的学习目标和学习水平，并用教学策略阐释教学目标、设计教学过程及支架。当学生开始练习并加深对知识的理解时，教师让他们自己找出对书中不太理解的问题，两个一组尝试解决问题。教师也在课堂上示范一些问题的处理、解决方法，随后叫 5 个学生，利用所授方式来解释所选问题。教师还给学生布置家庭作业，并和学生一起检查家庭作业中的错误，就 10 个条目逐一给出评价。

教师发现大部分学生都能正确解答十之八九的问题；通过分析评价也注意到，学生大部分的错误出在 70、80、90 这些整十数的计算上。根据自己的数学教学工作经验，老师知道个位数 7、8、9 的乘法对学生来说是最难的。学生不是不知道如何计算末尾为 0 的整十数的乘法，而是一些学生对 7、8、9 的乘法计算还很吃力。教师没有让学生重做错题，而是将学生两两分组，给每组学生一袋硬黑豆，让学生一起用黑豆这一可视化的工具直观地解释错误问题。也就是说，如果学生做错了 7 × 6 这道题，教师就让他们每次放 7 粒豆子成一排，放 6 次共 6 排。当学生看到摆出的豆子后，就让他们返回错题开始梳理工作，解释摆放豆子如何帮助他们解决了令其感到迷惑的难题。对于在测试中计算结果全部正确的同学，教师让他们思考如何用不同的方式解决同一个问题。

小学利用可视化工具梳理知识的反例

下面是小学用可视化工具梳理知识的反例，其教学目的和前面例子一样，是基于标准化的教学目标，教师讲授同一水平的相同内容。

> 同学们，现在我将昨天的评估结果发给大家，你们的分数写在顶部。我想大家还需要再练练个位数乘整十数的乘法。我不明白为何你们似乎能做对一部分题，却又做错一些，现在我针对作业中做错较多的题，再给 10 道类似题目。请大家独立解答这 10 道题。

在反例中教师也更正了学生的错题，但他并没有分析学生的错误，没有确定错题规律，也没有让学生自己找出做错的原因，更没有指导学生梳理错误理解的教学计划。他单纯地相信，多加练习就能帮助学生解决问题。教师当然也没有利用可视化工具来帮助学生梳理、深化先前所学知识。

中学利用可视化工具梳理知识的正例

这一教学实例的教学目标是理解和计算小数除法，并解决分数除以分数的相关应用题（CCSS-Math.Content.6.NSA.1）。六年级教师正要讲的是分数除法，教学内容案例选自蒙蒂斯与佩尔（Montis & Pell，2010)。教师以这样一种方式开启自己的授课：

> 同学们，今天我们开始学习分数除法。如果你们的爸爸妈妈在日常生活中需要与数学打交道，问问他们分数除法的规则，即除以分数的标准算法——他们会迅速告诉你："将除数的上下部分颠倒，也就是乘它的倒数。"他们说不出数学规则是什么，这对他们来说像是外语。但当你清楚了除法的定义、乘法运算的性质以及等式的性质，你将不仅会说"数学"这样一个词，还能够理解什么是数学。

接着，教师在黑板上示范，解答了两个应用题：

1. 妈妈让你将五美元换成二角五分面额的硬币，你应该带回多少枚硬币？

2. 爸爸让你给小鸡提四桶饲料，但你力气还不够大，一次只能提动半桶，你一共要提多少趟才能完成爸爸交给的任务？

> 你们可以这样思考，去解决第一个问题：一美元中包含 4 个二角五分的硬币。然后你有五美元，就是 $5 \times 4 = 20$，我们会有 20 枚二角五分的硬币。而第二个问题，你可以这样解决：一次只能提半桶，而一桶饲料是两个半桶，因此提一桶需要两趟；因为总共需要四桶饲料，$4 \times 2 = 8$，你一共需要提八趟。但是我想要大家利用分数线段来将这一过程可视化。

教师给每组 4 名同学几条供切分的绳子，让他们将绳子切割成合适的份数来解释如何解答这两道题。第一道题，学生已理解一条线段分成四份，共同代表一美元，五条这样的线共二十小份就代表五美元。同样，在第二道题中，一条线段分成两段代表一桶，那么四桶饲料总共需要提八趟才能完成任务。在这节课的最后环节，教师展示了用另一种方法解这两道题的过程，这种方法用可视化工具表征解题思路，说明了分数除法的共同规则。解法如下：

（1）$5 \div \frac{1}{4} = 5 \times 4 = 20$

（2）$4 \div \frac{1}{2} = 4 \times 2 = 8$

上述题目阐释了分数除法的共同规则：用倒数将除法转换为乘法。在接下来的课中，教师计划用同样的例题来阐释共同规则背后的推理思路。课堂总结的时候，教师让学生完成表 4.2 所示的知识梳理模板，梳理刚才所学一个分数除以另一个分数的解题方法及思路。

表 4.2　分数除法的知识梳理模板

之前我认为	现在我认为	现在我还不理解的是
（列出最初的一些理解） ◇我以为我们不能用一个分数去除另一个分数。我原以为只有整除才能去除一个分数 ◇在使用分数绳子之前，我根本不晓得怎样用分数去除另一个分数	（左侧一栏的原有理解如何慢慢改变？请在此栏添补出新的理解，或者对原有错误理解的纠正情况） ◇现在我能将分数除法这一过程用可视化方法表现出来，示意图让我不再对分数除法那么迷惑 ◇我对除数取倒数，即变除法为乘法的过程还是有不太理解的地方	（在如下方面，我还需要补充更多知识和理解） ◇我还不那么确定除数和倒数的确切意义 ◇我非得通过分绳子来解决所有问题吗？

中学利用可视化工具梳理知识的反例

中学反例中，教师的教学目的一样，也用投影仪展示了如何用分数绳子解决同样两个问题，以此解释分数除法。学生看起来似乎真的理解了这两个问题的解决方法，没有什么疑问了。教师决定不再给学生分数绳子帮助解题，而继续往下学习。当教师批阅学生上交的知识梳理模板时，他发现相比上课之前，学生学习后对分数除法的理解更加混乱，做题正确率更低、更受挫败了。教师返回讲台规划新的课程继续讲解分数除法，让学生真正有机会进行可视化操练。

确定学生能否利用可视化工具梳理知识

随着绝大部分学生能越来越熟练地利用可视化工具梳理先前所学知识，教师也就有了更多机会了解学生在第一遍学习某部分知识时哪些知识点、概念和程序没有完全理解。为了检测学生在纠正错误理解、补充知识缺漏和更正错题方面做得怎么样，教师可以整理一套适合自己所教年级和所授内容的监控方式。以下是一些高效的监控学生的策略：

◇当学生独自或以小组合作方式利用可视化方式整理所学知识时，教师在教室巡视，检查学生新的理解情况。

◇当学生梳理先前所学知识时，教师问学生一些问题以确定梳理过程的逻辑正确。

◇展示可视化工具时，可以让学生将可视化设计放在书桌上或者举起白板，也可以用回答卡展示，以便教师查看。

◇让学生两个一组分享他们新的理解或者解释为什么会犯某个错误。教师在学生讨论的时候在教室不断巡视、倾听。

◇每更正一处错误，就让学生在边上用彩色笔标记一颗星星或一个笑脸，这样教师就能很快找到并检查更正情况。

◇学生写下自己新的理解，或者在课上做一个已更正过的题目，通过这样看得见的方式教师可以迅速确定学生理解情况。

表 4.3 是学生利用可视化工具梳理知识的熟练程度量规。教师可以进行必要的改编，用来确定自己的学生处于哪一程度。想一想是否还有其他方式监控学生，以达到表上所列最熟练的水平。

表 4.3 学生利用可视化工具梳理知识的熟练程度量规

新手入门	基本掌握	预期达标
学生不能正确利用可视化方式梳理之前的错疏之处 学生可能还无法确定更正之前的错误理解需要哪些信息	学生能确定之前的理解哪些是正确的，哪些是错误的 学生能利用可视化工具准确地修改之前错误理解的基本概念，并进一步深化理解	学生能顺利利用可视化工具梳理课堂上所学知识并加深理解，能对所学加以拓展、应用，能够生动描绘或用可视化工具展示所学新内容

开展支架教学和拓展教学满足学生的需要

对一些学生来说，用可视化方式梳理知识比较困难，需要教师进一步辅导；而对另一些学生来说则比较容易，只需增加一些拓展性教学活动。教师要在课堂上督查，以确保学生都达到熟练使用可视化工具梳理知识的预期目标。

支架教学

◇设计一个公告牌，展示可视化工具及学生的梳理情况。

◇如本书图 1.1 所示，画出利用可视化工具梳理知识的关键步骤。

◇张贴一些可供选择的可视化工具，确保当学生需要梳理之前所学知识时，能有一个选择范围。

拓展教学

当学生很容易就掌握了许多可视化工具的使用方法时，他们也会很容易接受一些挑战性任务。下面一些方式用以拓展这部分学有余力的学生对知识的理解：

◇以列表的形式将新学知识加以分类或确定优先顺序。

◇用不同的方式独创一种新的可视化方式展示所学知识。

◇帮助同伴找出错误并给出修改建议，通过这种方式进一步理解所学内容。

教学方法 5　利用创作工具梳理知识

利用创作工具这一方式梳理知识，与英语语言文学课（ELA）中的作文修改过程完全不同，请注意不能将两者混同。英语语言文学学习中作文修改的目的是润色、完善一篇具体作品，是努力运用各种方法使文章更加完美的过程。

用于知识梳理的创作目的，不在于提交一篇润色过的文章，而是结合创作中使用的词汇与呈现的观点，判断学生对哪些知识已经完全理解了，对哪些知识还不够清楚还想获得更多信息。这并不是说多次利用创作工具梳理知识，全然不会逐渐提升学生的创作能力和流畅度。即使对于最不情愿的写作者来说，或多或少都会有写作上的进步。事实上，最可能从这一技巧中获益的是学生，他们会感觉有许多东西想写，但需要更多工具的帮助，同时还需要教师允许他们更多关注知识的梳理而更少纠结于语法、拼写和写作技巧。有句话说得很好："创作为阅读理解效力。"这句话揭示了阅读与创作的关联。学生在阅读之后尝试创作一点东西时，的确会发生一些奇妙之事：他们的理解能力和阅读能力提高了，有时候甚至是质的飞跃。而在梳理先前所学知识时，作为教师的我们就可以明白无误地告知学生："创作为深层次学习效力。"

如何利用创作工具有效梳理知识

有三套创作工具可以帮助教师和学生有效地进行知识梳理：（1）一套为认知加工方式，特别强调创作对学习的帮助，包括概括（summarizing）和总结（concluding）；（2）一套为比较新颖的方式，能为创作吃力的学生提供学习支架，包括速写（quick-write）、主干句提取（sentence stem）、结课便笺（exit ticket）及互动笔记簿（interactive notebook）等；（3）一套为学生主导的创作项目，适用于梳理知识更为娴熟的学生，包括 A. 学生作出评估（student-generated assessment），B. 学生自选创作梳理知识方式（self-selected writing for revision）。

通过概括与总结梳理知识

概括和总结都是认知过程，当进行某一具体内容的知识梳理时，概括和总结能加深学生对关键内容的理解。表 5.1 界定了概括与总结这两个过程，以便我们能更清晰地对它们加以区分。概括与总结对阅读、思考、创作都是必不可少的，但本教学方法中强调的是其对思维或创作过程的作用。

表 5.1　知识梳理语境下概括与总结的定义

思维或创作过程	操作性定义
概括	厘清最重要的信息（中心思想、核心论据），并用自己的语言写下来
总结	在教学内容输入过程结束后，学生对所看、所听、所读到的信息做出结论。在知识梳理过程中，做总结必须基于教学过程中所看、所听、所读到的最基础、最本质的论证材料

注：定义选编自麦克尤恩的文章（McEwan 2004，2007）和麦克思尤 - 阿德金斯、伯内特的文章（McEwan-Adkins & Burnett，2012）。

概　括

概括是一种认知过程，对学习来说必不可少，同时也是知识梳理的有力工具。在梳理先前所学知识这一语境下，概括一词更确切的定义是：学习过程中，就某一知识点写一两个句子，以讲明新学知识内容中什么是最重要的。布朗和岱 (Brown & Day，1983) 将概括能力定义为“不断重新处理信息并以最精简的方式提炼观点的能力”。为梳理先前所学知识服务时，概括工作要持续不断、循环进行，也就是让学生尽可能多地反复就所学核心内容进行创作。这样的学习过程将帮助学生对所学内容形成更准确、更全面的理解。因此，知识梳理中的概括并不是准备一份最终的概括性陈述就好了，而是学生就目前所学、所知多次简短概括陈述的集合。创作本身并没有年级区分，如果硬要说有，那也是反映在学生不同的理解深度上。

表 5.2 阐释的就是知识梳理过程中，教师如何向学生讲解、示范、应用概括技能。若教师之前没有给学生讲解、示范过如何撰写概要（summary），那么需要提前单独开设一节课来指导他们。

表 5.2 为知识梳理展示如何概括

梳理知识过程中概括的步骤	供教师参考的具体说明
1. 获取要梳理的知识	许多不同的课堂活动都可能伪装成知识梳理。教师和学生可能认为在学习足够深入之前自己就很好地梳理知识了。回想一下教学方法 1 中的表 1.7，它列出了学生着手梳理知识之前必须完成的教学活动环节
2. 准备一个模板，学生将在模板上概括自己对当前所学内容的理解	学生可以利用课业笔记簿、互动笔记簿、梳理模板或其他任何形式的表格来概括。然而，表 5.3 所示的表格特别着重于不断迭代的知识梳理中概括的作用
3. 给学生讲解、示范我们目前已学的概括三步骤： ◇想一想你通过哪些过程掌握了第一模块的什么内容：（a）听老师讲授；（b）阅读教材；（c）与同伴探讨新学内容；（d）画一幅手绘图表 ◇写下第一模块的中心思想及一到两个支撑细节 ◇结合自己的语言简要地说出最重要的知识内容	给学生解释他们将要撰写的概要就像他们目前已学、已知内容的一个快照 说一说父母在开学第一天给学生拍照的事：你认为他们为什么每年都要拍照？对，是为了看一看他们的孩子一年一年如何成长、变化。你对某一个学科的学习、理解也是如此。第一次学习某个事物，你可能只学到一点点；但当你朗读课本、听老师讲解、反复多次思考所学后，你就能学到更多东西

（续表）

梳理知识过程中概括的步骤	供教师参考的具体说明
4. 让学生在任一指定时间就他们已学的内容进行“头脑快照”	展示一张如表 5.3 所示的空白概要快照模板。向学生讲明每一次梳理知识的时候都要遵照教学方法 1 中指出的步骤：回顾先前的理解，找出错误并更正，查漏补缺、确定还欠缺的任何新内容，必要的话解释做改动的理由。教师可能想将最后一步推迟到单元结束的时候，这时候学生需要小结一下他们在教学刚开始的时候认定哪些是核心概念或关键词，结课的时候又明确了哪些确切无疑的概念词汇
5. 选择某一学生熟悉的主题内容，为学生示范撰写两到三个概要	当教师在前后相继的方框中示范着写下概要时，要努力给学生们展示概括的过程以及理解程度的加深。每次开始撰写概要，都停顿一下，对学生们大声说出自己的思考，即学到的哪些新内容帮助自己得以撰写一份更完整甚至完美的概要快照
6. 给每位学生分发一张空白概要快照模板，指导学生在模板的左上方框撰写他们第一份概要快照。注意在模板上要填上撰写日期	我们课堂上所使用的概要快照空白模板，来自附录“资源：概要快照模板”
7. 让学生只写一个句子，概述目前为止所学核心概念中最重要的方面	给学生解释你将收取他们概要快照簿的第一页。告知学生再想想自己所撰写的概要，如果想要随后补增什么新内容，可以写在自己的笔记簿上，明天他们将有机会梳理自己所撰写的概要
8. 让学生与指定的学伴一起细读自己所撰写的概要	

表 5.3 概要快照模板

概要快照 1	概要快照 2
日期＿＿＿＿＿＿	日期＿＿＿＿＿＿

若要通过撰写概要发挥良好的教学效果，根本在于让学生不断概述所获取的知识，并对所学知识系列地、连续地进行展示，进行一脉相承的积累。如果学生做出的概括性表述并没有越来越准确、完整、富于深刻意义，问题只可能出在两个情况之下：学生没有认真进行学习，学生没有认真进行知识梳理。教师在检查完学生的概要快照簿并进行反馈时，可以向学生提出以下评估性问题：

◇你的概要快照概括了目前所学知识中最重要的内容吗？

◇你的概要快照涵括了目前所学内容中最重要的词语吗？

◇你的概要快照是用自己的话概括的吗？

◇你的概要快照足够精简吗？

总 结

总结是概括之外又一个可用于学生梳理知识的思考或创作过程。概括（generalizing）常常用作总结的同义词。然而，字典上“概括”一词的定义更强调进行推理性思考，而在知识梳理过程中，我们要求学生做总结的时候一定要坚持事实。总结需要的思考程度不同，在进行知识梳理时，总结可以作为那些学有余力的学生进行拓展性学习的一种方式。表 5.4 是学生记录其总结及其论据的一个快照模板。表 5.5 给出了指导学生撰写总结的一系列步骤。

表 5.4　总结快照模板

总结快照 1	总结快照 2
日期__________ 	日期__________ 

表 5.5　为知识梳理撰写总结的步骤

梳理知识过程中撰写总结的步骤	供教师参考的具体说明
1. 获取要梳理的知识	教师自己要明白，同时也要引导学生在脑海中清楚辨明教学方法 1 中表 1.7 所列举的知识获取过程中各教学活动之间的区别。如果我们还没有给学生讲授相当一部分核心内容，学生还没有机会对所学知识进行处理、精细加工或实践练习，学生将无法从正在进行的学习活动中抽身出来，不能进入对学习进行总结的阶段
2. 准备一个模板，学生将在模板上总结自己对当前所学内容的理解	学生可以利用课业笔记簿、互动笔记簿、梳理模板或其他任何形式的表格来做总结。然而，表 5.4 所示模板主要聚焦于在不断迭代的知识梳理过程中进行总结

（续表）

梳理知识过程中撰写总结的步骤	供教师参考的具体说明
3. 给学生讲解、示范目前已学的概括三步骤： ◇想一想你通过哪些过程掌握了第一模块的什么内容：（a）听教师讲授；（b）阅读教材；（c）与同伴探讨新学内容；（d）画一幅手绘或图表 ◇写下你读到或听到的最重要的论据 ◇判断这一论据对学习主题有何意义，并在模板上写下自己的结论	给学生解释他们将要撰写的总结就是目前为止他们已学习内容的一个快照。当学生学习更多知识后，他们将获得更多论据，这时他们做的总结可能就需要进行修正 说一说父母在开学第一天给学生拍照的事：你认为他们为什么每年都要拍照？对，是为了看一看他们的孩子一年一年如何成长、变化。你对某一个学科的学习、理解也是如此。第一次学习某个事物，你可能只学到一点点；但当你朗读课本、听老师讲解、反复多次思考所学后，你就能学到更多东西
4. 选择一个学生熟悉的主题，给学生示范如何对重要内容撰写总结	教师展示一张如图 5.4 所示的空白总结模板，并在上面写下自己做的总结。向学生讲明每一次他们要梳理知识的时候，都要遵照教学方法 1 所指出的步骤
5. 教师在仔细思考如何撰写第二个总结时，给学生讲解思考的过程	当教师在前后相继的方框中示范着写下自己的总结时，要尽力给学生展示总结的过程以及理解程度的加深。每开始一个总结，都停顿一下，对学生大声说出自己的思考，即学到的什么新内容让自己得以撰写一份新的总结
6. 给每位学生分发一张空白的总结模板，指导学生在模板的左上方框撰写一份总结快照。注意在模板上要填上撰写日期	让学生根据目前所学，写一份总结。这份总结必须包括所学具体内容中最重要的部分
7. 让学生与指定的学伴一起细读自己撰写的总结	告知学生，老师将收取他们总结快照簿的第一页，并嘱咐他们再反思一下自己所撰写的总结。如果想要随后增补什么新内容，可以先写在笔记簿上，第二天将给他们机会再次梳理自己撰写的总结

利用结构化的创作工具梳理知识

结构化的创作工具（streamlined writing tools）能够为那些创作吃力的学生提供支持，同时对随堂的形成性评价也非常有用。它能帮助教师很快确定是否还有小组存在疏疑之处，服务教师根据现场情况调整教学计划以答疑解惑，然而结构化创作之所以高于其他的创作方式，是因为这样的创作能让学生迅速、及时记录学习内容的关键要点，并在学习了新知识、获取了新信息之后，能及时对所记内容进行梳理、完善。知识要点一定要让学生们写下来并进行整理，坚持去做，学生和教师对所学知识也就有了追踪溯源之处。

主干句提取法

主干句提取法，也可称为句子提示法，对于卡壳不知道在笔记簿或模板上记录些什么的学生很有帮助。给他们一张如表 5.6 的模板，并粘贴、保存在笔记簿上。可以让学生们参照该模板，在自己的笔记簿上手绘该图表，再进行知识梳理。该模板要求学生填充相关主干句及其他收集、整理的信息。

表 5.6　主干句提取法梳理知识

梳理知识的主干句	学生的回答
我了解到……	
我所学到的是……	
我注意到……	
在……时我改变了对这一概念的看法	
我还是不理解为什么……	
之前我以为……但现在我以为……	

速写、速绘

对低年级学生来说，速写和速绘是梳理知识的不错工具，学生可以在速写或速记本上记录任何所学内容。这能锻炼学生流畅书写的能力，培养他们良好的反思习惯，帮助教师评估学生的思维过程。速记时，学生在指定时间回答教师提出的开放式问题或回应教师的提示。如果使用课业笔记簿或互动笔记簿梳理知识，教师可以让学生进行知识速记或速绘展现所学。速绘页是小学课堂梳理知识时特别有用的工具。

利用学生主导的创作项目梳理知识

学生编写的问题

让学生就所学重点内容编写一些测试题，这也是梳理知识的方式之一。例如，编写多选题就是一项比较具有挑战性的知识梳理方式，它可以帮助学生对所编题目相关概念建立较强的信心。学生编写的问题可以记在词汇簿或是课业笔记簿上。教师也可以提供相关模板给学生记录，以便用于小组讨论。

表 5.7 所示问题或回答象限列表，描述了学生可记录在笔记簿上的四种问题类型。

可以让学生利用编写的试题定期互相检测。其实，不仅编写试题是知识梳理的良好方式，解答这些试题也是。对于那些提出问题时需要帮助的学生，教师可参考表 5.8 中各种提示性语句给予启发。

表 5.7 问题或回答象限列表

象限 1 在左上角的象限，让学生就事实提出一道问题，通常要求题目答案能在课本某一具体模块或词汇表中很快找到，或者通过数字设备能便捷地在网络上找到。例如： 通过一项法案，我们要做的第一步是什么？	**象限 2** 右上角象限用于写第二类题，回答这类问题学生往往需要查找课本几个不同地方以及其他纸质资料或在线资源。完整答案不可能在一个地方直接找到，学生必须对自己搜集的材料进行概括、整合，才能完整作答。例如： 众议院和参议院就各版本《患者保护与平价医疗法案》举行听证会需要几个委员会参加？分别是哪些委员会？
象限 3 左下角象限是第三类题，这些题是推理型的，提出这些题目的学生及回答的学生都需要更高层次的思维能力。例如： 为何《患者保护与平价医疗法案》如此难以通过？	**象限 4** 第四类问题需要学生以更多的切身经历和个人情感来作答。例如： 要加速法案纳入法律体系进程，你认为华盛顿政府应该怎么做？

注：摘编自麦克尤恩的文章（McEwan，2004）。

表 5.8 梳理知识过程中的提示性提问

原因或结果型提示
是什么导致了＿＿＿＿＿＿＿＿事件的发生？
＿＿＿＿＿＿＿＿事件导致的后果是什么？
＿＿＿＿＿＿＿＿的影响是什么？
＿＿＿＿＿＿＿＿怎样影响着＿＿＿＿＿＿＿＿？
你设想＿＿＿＿＿＿＿＿的结果将会怎样？
比较或对比型提示
＿＿＿＿＿＿＿＿和＿＿＿＿＿＿＿＿比较之下有何共同点？
就＿＿＿＿＿＿＿＿这一点，比较＿＿＿＿＿＿＿＿和＿＿＿＿＿＿＿＿。
＿＿＿＿＿＿＿＿和＿＿＿＿＿＿＿＿有哪些相似之处？
对比＿＿＿＿＿＿＿＿和＿＿＿＿＿＿＿＿，你有何发现？
＿＿＿＿＿＿＿＿和＿＿＿＿＿＿＿＿有何不同？

（续表）

评价型提示
哪一项更好，是 ____________ 还是 ____________ ？为什么？
你对 ____________ 的看法是什么？
____________ 的优势与不足分别在哪里？
你是否同意以下说法：____________ ？请说明理由，论证答案。
要点回忆型提示
文章中所描述的 ____________ 不同的有哪些？
____________ 的重要 ____________ 在于什么？
故事开头发生了什么事情？
____________ 的特征有哪些？
请说出 ____________ 事件的发展进程。
故事结局怎样？

注：摘编自麦克尤恩的文章（McEwan，2004）。

学生做出评价

“或许，最强有效的评价是学生开展的评价；但从这一名称就可得知，在这一评价任务中，学生能够展现他们在相关主题上掌握知识的情况 (Marzano, 2010) 。”学生可以借由这样的评价来表明，他们对知识的梳理已从浅易的、比较好玩的方式过渡到了比较熟练、精准的高级阶段。如果学生理解了关键内容并梳理了所学知识，就可以写下或创作一段评价，以彰显其对所学内容更深层次的理解情况。写评价是梳理知识的最高表现，同样也会让学生对自己的学习感到强烈的骄傲与满足感。学生亦可在构思、创作自己的评价语言时“证明”自己确已澄清以往的错误理解、梳理清楚所学知识内容。

学生做出的评价应包括：（1）就书本某一指定内容创作一段书评，以彰显学生熟练创作的能力以及理解、品评该书所应具备的知识水平；（2）建立一个模板或者构建一个复杂的概念图，体现对所学内容的更深刻理解；（3）选择一个相关历史话题，写一段文字提出几点有史学研究材料佐证的具体观点。

学生自选创作

这一方法是让学生就某一给定主题写一小段文字，或者回答相关问题，以此彰显是否对该知识点已深层次理解。举例来说，一名学生决定就所学解方程的方法写一段说明文字，详细阐述解方程的步骤。如果学生确实最终完成了自己所选的这一项创作任务，他将以此表明自己确实对该知识点有了深刻理解。

常见错误

下面所示是指导学生利用创作工具进行知识梳理时容易出错的地方，需要谨慎避免：

◇教师没有为学生示范利用创作策略梳理知识的过程，学生未能直观了解如何通过创作的方式梳理真实所学的知识。

◇教师固执地要求学生在创作时做到拼写、语法准确无误。

◇布置更宽泛、更具有挑战性的任务时，教师没有给学生充足的思考时间。

◇教师未能建立有效方式以追踪学生是否通过有意义的方式获取知识，并未能评判这一教学方法是否帮学生达到了预期的学习目标。

◇学生通过创作工具进行知识梳理时，教师未能监控、检查他们是否确确实实加深了对关键内容的理解。

利用创作的方式梳理知识的正例及反例

下面是将创作工具用于中小学课堂知识梳理的正例及反例。在这些实例中你需要着重思考监控学生达到预期学习结果的几种方式。

小学利用创作方式梳理知识的正例

本实例的学习目标基于两个标准：其一，解释历史、科学或者技术读本中的事件、程式、观点或者概念，包括发生了什么事，为什么会发生等。要求学生基于文本中的详细信息作答（CCSS-Literacy.RI.4.3）。其二，认识消化系统中的各器官，概述消化过程（Objective 4.01, North Carolina Essential Standards）。四年级学生正处于学习消化过程，教师打算利用创作工具，帮助学生整理先前所学知识，以更专注地投入学习。教师之前已进行了几次相关内容的片段教学，学生也多次与自己的学习伙伴通过多种形式记录和展现所学知识。之前，教师还为学生演示了如何撰写总结快照，学生也在总结快照页面上尝试撰写了自己的第一份小结。今天，教师将带领学生回顾自己所撰写的快照，并让他们再“照”一张，以表明学习进展与提升情况。整个一周的学习过程中，教师为学生所取得的进步而感到欢欣鼓舞。表 5.9 是一名学生快照簿中的一页。教师想要学生回顾一下他们所撰写的所有小结，并通过以下问题来给予评价：

◇你的小结快照概括出当前为止所学内容中最重要的部分了吗？

◇你的小结快照涉及当前为止所学内容中最重要的词语了吗？

◇你的小结快照是用自己的语言撰写的吗？

◇你的小结快照是否短小精悍？

表 5.9 消化过程的小结快照簿

小结快照 1 日期：周一，10–27 消化实际上是一个始于口腔的过程，当牙齿咀嚼食物，唾液就开始分解食物中的淀粉，将其转为糖分	小结快照 2 日期：周三，10–29 如果我们没有适当地嚼碎所吃食物，消化过程将遭受干扰。食物从口腔进入被称为食道的长管道需要大概几秒钟时间
小结快照 3 日期：周五，10–31 食道中有肌肉，这些肌肉将嚼碎的食物挤压进胃脏。这一部分的消化功能称为蠕动	小结快照 4 日期：周二，11–4 食物在胃中发生的一连串的变化过程，多到无法在此一一记述。多个不同的身体器官参与帮助消化食物
小结快照 5 日期：周三，11–5 消化是一个非常复杂的过程，因此，健康饮食很重要。只有饮食健康，各器官才能协同工作，共同滋养新细胞，修复损伤坏死细胞，获取充足的营养并将其源源不断地送到我们的血液中	小结快照 6 日期：周五，11–7 人类的身体真是神奇，能将我们吃的食物转化为我们需要的营养物质。如果我们不对自己所吃食物小心谨慎，如果我们不特别关注我们的消化过程，我们就会像年迈的祖母那样消化不良。老人家的消化系统一般都运行不畅

小学利用创作的方式梳理知识的反例

在小学课堂反例中，教学目标相同，也是学习消化过程。教师认为在授课时间示范小结快照撰写过程不合时宜，也认定自己班上大部分学生只需要简要解释就能够撰写总结，同时教师也没有要求学生持续一贯地在小结簿上做记录。因为缺少示范，缺少有指导的练习机会，学生不能很好地应用这一策略梳理知识，学习效果因此也或多或少受到一些影响。

中学利用创作方式梳理知识的正例

本实例中，学习目标是通过历史或社会相关课程学习，让学生掌握事件过程描述的关键步骤，例如，法案如何变成法律条文？（CCSS.ELA-Literacy.RH.6.83）一位六年级的社会课程教师正给学生讲授一部法案如何成为法律。该社会课程的教材简明直截地列出了步骤，但教师想要学生加深理解。为了阐释这一过程，他选择了一部国会已经通过的法律：一部有关医疗健康方面的法律。他让学生上网查找该部法律通过的精确日期、关涉人群及涉及的主要问题。他还让学生回答这一过程中提出的各问题，并每天分配 20 分钟让学生在网上查找该医疗健康议案的相关材料。学生发现，该议案于 2010 年 2 月 5 日获准通过，美国总统于 2010 年 3 月 23 日签名将其正式纳入法律体系，该议案被标注为 H.R.3590 号决议，官方称之为《患者保护与平价医疗法案》。该法案经历了 7 个不同版本，众议院、参议院等多个委员会协同起草并在国会两院达成一致意见。学生在研究性学习过程中，每一天都在其互动笔记簿的总结页面做总结记录。学生在左栏记下日期，日期下面记录自己的小结；而在右栏，学生记录下他们找到的、可以支持他们得出左栏结论的证据。表 5.10 展示的是一名学生就法案如何转变为法律所做的结论快照。

表 5.10　结论快照实例·一部法案如何转变为法律

结论快照 1  日期：5-14 阅读教材“法令如何成为法律”之后，我们获得的印象是这是一个直截的、简明的过程。而我的结论却是：这是一个很有争议的过程，法案最终变得与其初衷完全相背离	结论快照 1 的证据： 前后诞生过好几个不同版本的法案 多个参议院及众议院的委员会共同致力，企冀构筑一部每一个人都认可的法案 法案进行了多次修补，然而这些修补事实上与患者保护和平价医疗并无多大关系

（续表）

结论快照 2	结论快照 2 的证据：
日期：6–14 多次阅读“平价医疗法案”的相关文本之后，我们可以总结：参议院和众议院很多时候并不为他们的选民发声	各游说者及利益公司砸数十万美元，说服参议院和众议院代表投票，支持对其最有利的法案版本及补充条款

中学利用创作方式梳理知识的反例

中学反例的教学目标与正文相同。教师觉得他不能给学生们课内时间，用于在互联网上查找具体某一法案的相关信息，便决定由自己代为总结信息，并在约 20 分钟的内容讲解过程中呈示给学生。教师无心与学生交流自己所做的总结，剥夺了学生绞尽脑汁思考并创作自己的结论快照的机会。

确定学生能否利用创作工具梳理知识

只有有意识地监控学生使用创作方式梳理知识，教师才会晓得利用创作工具梳理知识能达到期望的效果。下面一些方法可以帮助教师追踪学生的进步过程：

◇在教室四处巡视，查看学生所撰写的梳理记录，尽可能多地了解更多学生个体、合作伙伴和学习小组的情况并给予反馈。

◇收集学生的小结快照与结论快照，并据此评判学生对学习内容的理解深度。

◇让学生向合作学习伙伴读自己撰写的梳理稿，或者在学习小组中互相读，教师在教室巡视、倾听，必要的时候给予指导、反馈。

◇利用任意形式的技术手段或软件来帮助自己，迅捷、轻松地查阅学生利用创作工具做出的知识梳理。例如，教师可以通过教室网站，给学生电脑推送一个相关的问题，并鼓励学生在线作答。

表 5.11 是学生通过创作工具总结梳理知识的熟练程度量规。教师可以利用该表来督查每位学生利用这一方式梳理知识的成功程度。成功程度表明了利用这一方式达成期望学习效果的程度。

表 5.11 学生通过创作工具总结梳理知识的熟练程度量规

新手入门	基本掌握	预期达标
学生努力编撰总结快照、速记或结课便笺，这些文字可以描述或表明学生的知识水平及知识梳理技能 学生可能还无法确定要纠正错误理解还需要哪些信息	学生能辨别之前的理解哪些正确，哪些错误 学生能够用教师指定的、适合当前所学内容的创作工具进行知识梳理，并在此过程中澄清自己之前的错误理解	学生能利用教师指定或自己所选的创作工具来梳理知识；能通过概念或其他关联知识拓展所学；并能学以致用，将知识与真实生活背景联结起来

开展支架教学和拓展教学满足学生的需求

为满足班上不同水平学生的个性化需要，教师要适时调整教学、因材施教。下面是支架教学及拓展教学的一些相关理念。

支架教学

当个别学生或学习小组不能通过创作整理对知识的理解时，教师可以尝试以下方式帮助他们走出困境：

◇用更简单的学习内容给学生做示范，进行概括和总结的过程。

◇教师要明确指定“非有不可”的梳理内容。“非有不可”可以定义为课程标准所规定必须掌握的、不容打任何折扣的学习内容。

◇一次只选择一小页或一小部分内容来梳理、撰写。不要因为内容过多而让学生却步。

◇使用速记、写主干句等更短小精悍的创作方式梳理知识。

◇提供参考小手册，手册上要包含常用词、本单元学习目标规定必须会拼写的单词，以及待梳理的与主题相关的词。

◇写出用于梳理的句头或提示。这样的句头可以是“我懂了钝角和直角之间是有差别的，其差别在于______________________________”。

拓展教学

利用创作工具进行知识梳理时，有许多独创性的方式可以用来拓展学生的学习：

◇可以如前面所描述的那样，启发学生自行编写测验题。

◇让一些进度比较快的学生互相编写一些多选测试题，也可以为全班编写。

教学方法 6　利用家庭作业梳理知识

最后一个知识梳理方法是检查、更正、梳理学生完成的家庭作业。教师布置作业的时候要谨记几条重要原则：（1）布置作业时目标要明确，要定位在让学生加深对所学内容的理解或者对所学内容进行实践练习、学以致用，并达到娴熟的程度；（2）布置作业之前，一定要在课堂上给予学生充足的时间，在教师精心指导下进行深化理解并尝试练习。如果所学是陈述性知识，意味着学生需要在课堂上反复多次学习巩固所学内容；如果是程序性知识，意味着学生需要有多次机会进行有教师指导的练习，并慢慢学会承担更多学习职责，最低要求是学生慢慢做好独立学习的准备，不再需要教师（或父母）在旁边提供指导。

说到家庭作业这一话题，我们不得不说一说“翻转课堂（flipped classroom）”，这是当下非常流行、非常受欢迎的学习方式。翻转课堂的教学理念是将课堂教学与家庭作业的方式互相进行调转，即利用教师录制、创建的教学视频和在线互动教学，使过去局限在教室这样一个物理空间进行的学习活动，现在课前在家里就进行了；而之前作为主要授课场所的教室，现在成了答疑解惑、深化概念理解、进行合作学习的阵地（Tucker，2012）。在翻转课堂上，“家庭作业”是在课堂上完成的，但学习的理念是不变的：学生的学习越来越自主化，从有指导的学习或练习慢慢过渡到独立的学习或练习，达到学与教的最终目标——深化对知识的理解，熟稔操作的过程。

在这一教学方法中，学生完成教师布置的作业，教师针对学生完成的作业给予反馈，学生再基于教师的反馈进行知识的更正整理、查漏补缺。在讨论完家庭作业完成情况之后，教师一定要给予学生时间进行知识梳理，并安排学习活动让学生深化理解知识，尝试练习、应用。

这一教学方式的关键之处是教师一定要给予学生反馈。针对家庭作业情况，在课堂上进行疏疑解惑、知识梳理的学习效果取决于教师所给予的反馈情况。如果给予的反馈准确、及时、翔实且依据标准，反馈将达到最好的指导效果。最好的反馈是：教师针对学生的答题情况，说明哪些是正确的，哪些是错误的，并解释理由。另外，还要让学生持续完成布置的学习任务，直到他们的答题成绩显著提高（Marzano，Pickering & Pollock，2001）。总之，反馈务必做到以下几点：

◇使用态度明确的词来给予反馈。

◇反馈要针对学生作业的具体方面。

◇反馈要满足学生之需。

◇反馈要清楚、明白。

◇反馈要包含对学生下一步如何改进的建议。

◇反馈要包含指导学生如何达到学习目标的策略、方法。

如何有效进行作业校订

综合前述研究，帮助学生进行作业校订（assignment revision）的有效方式是：

◇对作业进行点评，给出有效的反馈意见（参见上文），指出哪些内容是正确的，哪些内容还需要修改、补充。

◇如果必须评出作业等级，教师应该在等级簿上记录学生的作业等级，而不要在学生的家庭作业上直接标出等级。

◇将家庭作业返还给学生后，要鼓励学生进行修改并重新提交，以提高作业等级。教师甚至可以在课堂上给予时间更正作业。

◇让学生根据给出的反馈有针对性地更正家庭作业。

◇对家庭作业进行讨论、交流和更正之后，教师要鼓励学生定期回顾所做的更正、梳理，并不断补充自己对所学内容新的理解。

常见错误

下面是教师指导学生利用家庭作业这一工具进行知识梳理时容易犯错的地方：

◇教师直接给出正确答案，让学生更正作业。

◇教师没有给学生示范如何更正家庭作业或指定任务的方法。和其他学习策略一样，学生更正家庭作业同样需要得到教师的指导。教师还可以指导学生如何与学习伙伴一起复习、回顾、订正自己的作业。

◇教师在带领学生进行家庭作业或指定任务更正、整理时进度太快。学生需要充足的时间和指导来完成作业梳理。

◇教师没有监控学生在更正、整理家庭作业或指定任务时精准理解所学知识。一旦学生更正了家庭作业或指定任务，教师一定要让学生及时再复习、回顾所做的更正和整理，以确保学生精准理解所学，并确认是否还有遗留的理解错误的知识点。

◇教师直接告知学生哪些答案是正确的，然后就放任学生进行小组学习。这样做会致使部分学生简单抄袭同学那里的正确答案。

◇教师指导作业校订时关注的是非重点内容，或者只关注了具体某个方面（如语法）。

在课堂上更正、整理家庭作业的正例及反例

下面是通过更正、整理家庭作业来梳理知识的例子（小学和中学各一例）及相应的反例。在阅读的时候，请结合自己的亲身经历或者观察到的同事的教学行为多加思考。回想一下前面所提到的常见错误，看一看所举正例中教师如何聪明地规避错误，而反例中教师怎样因缺乏深刻的理解、周详的计划和先见之明而导致犯错。同时，阅读的时候也思考一下教师如何监控学生的

知识梳理以达到预期目标。

小学课堂校订家庭作业或任务的正例

小学实例中学习目标是求整数乘法或整数除法三个数中未知的那一个数。例如，求以下等式中的未知数，使得等式成立：（1）8 × ? = 48；（2）5 = ____ ÷ 3；（3）6 × 6 = ? 。(CCSS.Math.Content.3.OA.A.4) 三年级教师已经通过教具演示、应用题和求未知整数给学生上了几天课了。教师总结认为，学生已经能独立完成这类计算题了，并布置了十道家庭作业题。当教师把家庭作业本分发下去，他马上在班上给同学们解释了如何完成布置的家庭作业。

> 同学们，老师想要大家完全独立完成家庭作业的同时对完成作业并不感觉困难。首先，我将给大家演示一道与家庭作业本上要做的题型类似的题，请仔细看，认真听，并学会如何解题。（教师一步一步解答、演示）同学们，你们对我刚才的解题步骤还有什么疑问吗？（有三个同学举手，教师逐一回答了每位同学提出的具体问题）现在，我想要每位同学自己完成第一题。你们一做完，马上与指定的学习伙伴对一下答案；如果你们答案不同，互相说一说你们各自是怎样解题的，看能否通过交换意见明确正确答案。

在讲解的时候，教师将黑板画成几大块，将学生刚刚解答的题分别填进三个方格中，将记号笔分发给学生，让刚才没有与学伴达成一致意见的学生在黑板上写出自己的解答。通过这一过程，教师和学生一起纠正错误。教师特别感谢了刚才出现错误的学生，因为他们使得那些可能犯同样错误的学生再次澄清认识。当学生对家庭作业再没有疑问，教师和学生都感到很满意，然后学生就收拾好自己的学习用品开心回家。

第二天，教师期待和学生共同纠正作业中存在的问题。她用几天前介绍过的白板方法，选择了作业中存在的五个问题，写在白板上的方框中。然后，她又从桌上的罐子里，取了五个压舌板，每个压舌板上都写有一个学生的名字，并让每个学生选择五个问题中的一个，利用布置的家庭作业中的相关信息来解答。教师组织这一练习的目的是帮助学生纠正错误，弥补程序性知识中的缺漏，或者增补一些被遗忘的重要事项，譬如展示作业，给作业贴标签，等等。

小学课堂校订家庭作业的反例

在小学课堂梳理家庭作业的反例中，学习目标相同，但教师在梳理家庭作业的常规活动中常常前后矛盾。有时候，他没有坚持进行作业梳理；有时候，甚至忘了把学生的作业收上来检查。在教师这样的带领下，学生也常常遗漏甚至不做家庭作业。这样，学生就失去了一些学习知识的机会，无法通过梳理先前所学来加深对知识的理解。

中学课堂校订家庭作业或任务的正例

本实例所举课堂教学的目标是中学科学课程的长远目标：构建对细胞与生物有机体交互式系统的理解，并能解释有机体如何从环境中获取和利用信息 (MS-LSI-5)。本例中中学科学老师认为，与其让学生们识记、背诵某个单元所学关键术语及其定义，倒不如给学生们一些综合性的家庭作业，譬如以“秀秀我所学”的形式写一段话。表 6.1 展示了围绕关键术语“细胞”完成的作业。

表 6.1 “秀秀我所学”样例：细胞

说明：写下关键词，回答有关该术语的提问；围绕该词，以有意义的方式造句。 同学们请注意：从你所提出的问题，到你给出的回答，都要包含这些关键的词和短语哦。 关键词：细胞	
提问	**回答**
在生物学语境下，“细胞（cell）”一词的意思是什么？	细胞是生物体最基本、最重要的组成部分
在其他语境下，“cell”一词又是什么意思？	“cell”可能是指小房子或者关犯人的牢房；“cell”可能指能产生电的东西，如电池；“cell”还可能指手机
在生物学语境下，“cell”一词可能在什么时候出现？	“cell”一词出现得非常频繁，因为所有生物有机体都有细胞。因此，“cell”一词可能出现在光合作用、DNA 及不同性状如何遗传等章节
为何“cell”一词会出现在生物学中？	“cell”一词之所以成为生物学中的一个核心术语，是因为细胞是一切生物体最基本、最重要的组成单元
“秀秀我所学”造句	人体包含 37 万亿个细胞，但是有些生物体只有一个细胞

教师期望学生在一周最后一次课程开始的时候上交 3 ~ 5 个“秀秀我所学”写的句子。用术语造句的作业在周一布置下去，这样学生们有一周的课外准备时间。课外准备的时候，允许学生们使用互联网、教材或者课堂上提供的任意学习素材。因为构建对关键术语的解释是学习的重要目标之一，教师期待学生用科学的语言多进行一些写句练习。教师发现，和学生共同复习、回顾家庭作业对学生们梳理知识效果卓著。以下是教师和学生通过家庭作业校订来梳理先前所学知识的过程。在布置作业之前，教师先演示完成了一份样板，并大声说出自己已经获得了哪些信息，如果还需要更多信息的话，教师向学生推荐一些可供查找的地方。教师还给学生展示如何将别人的观点用自

己的语言表达出来，而不是逐词复制书本上的定义。

> 同学们，老师希望大家已经准备好你们的“秀秀我所学”造句作业啦。我已将教室前面这块黑板分成了十块，并准备了写有每一位同学姓名的压舌板，都放在我面前这个罐子里。现在，摇匀之后我将从罐子里抽出十个压舌板，被抽中的十名同学请到黑板前面来。
>
> 在黑板前面的同学们，请在指定的一块黑板上写下你们“秀秀我所学”关于“细胞”的句子。记住哟，写句子的时候请以大写字母开头并在句末标上句号。
>
> 其他同学不要有侥幸逃过被点名的想法哦，你们将成为今天家庭作业的“检查官”呢！请大家检查黑板上的所有句子，看看你们能否找出需要更正的错误之处，看看有哪些重要信息被遗漏了，需要补充进来。就这十个句子来说，待解决的最大问题是：作者是否展示了他们所了解的有关细胞的重要信息？

在检查黑板上所写句子的时候，小“检查官”们注意到有些句子表明作者对细胞还知之甚少，于是“检查官”们让那些作者大声读出他们对第一个问题的回答：在生物学语境下，“细胞（cell）”一词的意思是什么？在检查并讨论完句作者们所写的句子之后，教师指导学生与其学习伙伴一起整理自己梳理表上所记录的内容，并重写“秀秀我所学”的句子，将今天获得的有关“细胞”的新知囊括进来。

中学课堂校订家庭作业的反例

中学反例中，课程所定教学目标相同，教师选了一组关键词作为周作业布置给学生们，让他们写作“秀秀我所学”的句子。教师对如何更正孩子所做的这些家庭作业没有周详思考：通常是在学生们放学离开教室的时候把作业纸收上去，而在随后检查作业的过程中却发现很多学生漏掉了作业要点，还有一些学生甚至没有上交作业。这样，教师不仅错失了现场指导梳理知识的时机，还错失了机会向学生们表明自己对作业严要求的立场，更错失了机会让学生们明白教师对他们的高期望不容辜负！

确定学生能否通过校订家庭作业梳理知识

监控某一具体教学方法是否达到预期结果是应用知识梳理策略的关键一环。在教师监控达成预期目标的过程中，学生通过对先前所学知识进行增补或删减，会深化对知识的理解，而教师也能真实评价所布置的家庭作业或任务如何帮助学生们达到对所学内容更深层次的理解。下面我们列举了一些监控的方式：

◇让学生上交更正的家庭作业，仔细审读，如有必要，将家庭作业本发还给学生进行再次更正。

◇让学生与指定的学伴或学习小组分享自己的作业梳理情况，教师在教室巡视时倾听学生发言，必要时及时给予指正。

◇让学生上交一个结课便签（exit slip），完成一个类似“我对此知识的新的理解是____________”的总结陈述。

◇让学生在学业笔记簿上记录他们在完成家庭作业中获得的任意新的理解和体悟，随后再仔细读一读刚才的所想所记。

◇让学生将自己的回答记录写在白板上，与学习伙伴一起讨论答案是否正确，是否完整。

表 6.2 是学生家庭作业或任务校订的熟练程度量规。不妨试用该表来帮助我们践行前述监控策略，确定每名学生家庭作业梳理熟练水平。

表 6.2 学生家庭作业或任务校订的熟练程度量规

新手入门	基本掌握	预期达标
学生不能根据反馈正确更正家庭作业或指定任务中的错误 学生可能仍然无法确定要纠正错误理解还需要哪些信息	学生能辨别之前的理解哪些正确，哪些错误 学生能够根据教师给予的反馈准确地梳理家庭作业或指定任务，并能在梳理过程中澄清之前的错误认识	学生能够准确无误地更正、整理家庭作业或指定任务，并在此过程中澄清之前的错误理解；还能对所学知识加以拓展、应用 学生能够清晰地陈述所做的这些梳理如何澄清了之前的偏颇理解

开展支架教学和拓展教学满足学生的需求

教师用以补充或拓展知识梳理的方式取决于不同学生的个性需要。教师可参考如下方式来调整教学。

支架教学

下面这些措施可以帮助到那些不能正确更正家庭作业的学生：

◇翻转你的课堂教学，这样所有的家庭作业和作业梳理就都在课堂上完成。那些初做家庭作业、需要帮助的学生，可以及时得到教师的指导，并且不至于在梳理作业的时候无所事事。

◇为学生提供多次机会、多种方式梳理家庭作业。

◇给予学生明确的作业反馈，通过作业反馈明白无误地告知学生哪些内容需要纠正，而不是直接发给他们正确答案。

◇就如何完成作业梳理给学生提供分步指导，比如学生在第一步、第二步、第三步分别应该做什么等。

◇让学生与学习伙伴或学习小组协同完成作业梳理。在搭伴结伙的时候，让学习暂时比较吃力的学生与学有余力的学生组队。

◇参与一个小组的作业或任务梳理，而让其他学生独立进行。

拓展教学

有如下一些方式可以作为作业梳理的拓展方式：

◇让学生在完成作业梳理之后，给自己的梳理评个等级，并说明获得这样一个等级的基本依据。

◇让学生说一说作业梳理活动怎样加深他们对知识的理解。

◇让学生主动帮助那些梳理家庭作业时需要一些额外帮助的学生。

结 语

本书旨在帮助教师开展更加有效的课堂教学。教师通过越来越娴熟的指导、示范，让学生学会梳理先前所学知识，学会检查自己对关键内容的理解与思考是否正确，学会判断自己的知识系统是否需要更正或更新。

为了检验本书目标是否达成，教师不仅要从学生中收集信息，还要从导师或者同事中寻求反馈，以找到志同道合之人，同时在策略的实施过程中，积极开展有意义的反思。这样一来，即使教师没能从本书中学得零星技巧，至少也可认识到监控的重要性。监控是教师的专业水平以及学生的学习成绩增长的临界点。策略使用并不是终点，教师的目标应该是预期结果：要有充分的证据确保学生能通过知识梳理对所学内容形成深刻的认识。

为了更有效地实施本书策略，请遵循以下三个步骤：

1. 在策略实施过程中，发挥自身的能力和创造力对本书中的各种教学方法进行适应性改编。

2. 对预期结果进行监控。换句话说，就是在使用某教学方法的同时，对其有效性进行分析。

3. 如果监控结果显示，因为教师没有提供充分的教学指导而导致学生未能实现预期结果，这时教师便要想办法改变和调整。

毫无疑问，本书可以作为教师提升个人专业技能的行为指南，但是当教师与同事一同研读和实践时，必将获益更多。

反思与讨论问题

在小组会议或向教练、导师或督学会面寻求精神食粮前，教师可以使用以下的反思与讨论问题：

1. 在阅读和实施本书的教学方法之后，你的教学发生了怎样的变化？

2. 在为学生提供支架教学和拓展教学的过程中，你总结出哪些调整和改进教学方法的技巧？

3. 在实施本书教学策略的过程中，你遇到的最大挑战是什么？

4. 实施本书教学策略后，学生的学习发生了哪些变化？

5. 你会如何与同年级或同一部门的同事分享学到的东西？

资 源

知识梳理模板

我曾经认为	现在我明白了
（列出几点最初的理解）	（左栏所示理解发生的变化：补充新的知识，纠正错误的理解）

互动笔记簿样例

笔记	梳理
（记录或呈现关键信息，这些知识可能源于教师教学展示、与同学共同学习、详细的阐述活动等）	（新的理解，新的观点，对错误理解的纠正，等等）

知识梳理可能用到的起始句式：

我了解到……

我学到的内容是……

我注意到……

当……时我对这一概念的看法有了改变

我还是不太懂得……

之前我认为……，但现在我认为……

课业笔记簿样例

笔记	梳理
（记录或呈现关键信息，这些知识可能源于教师教学展示、与同学共同学习、详细的阐述活动等）	（新的理解，新的观点，对错误理解的纠正，等等）

知识梳理可能用到的起始句式：

我了解到……

我学到的内容是……

我注意到……

当……时我对这一概念的看法有了改变

我还是不太懂得……

之前我认为……，但现在我认为……

课业笔记簿同伴互检模板

浏览问题，检查同伴互动笔记簿后，决定如何作答	在此栏作答
你的同伴应用了什么方法（如是否利用了图形组织者、流程图、概念地图、图示或者象形图）来呈现信息，使得信息呈现得特别清晰、明了，特别适合信息的记录？	
有哪些信息是同伴在课业笔记簿上记录了而被你疏忽了的？	
你认为同伴的互动笔记簿上记录的最重要的信息是什么？	
你认为同伴的课业笔记簿上记录的信息需要改进的地方是什么？	

查阅、比较、解释表

查阅：研读同学的笔记簿	比较：用所学新知识梳理自己的笔记	解释：与同学分享信息，找出疏漏或错误之处
1.		
2.		
3.		

赞同、反对、质疑表

本组一致同意的观点	本组一致反对的观点	本组尚存疑问之处
1.		
2.		
3.		

核心内容词汇描述模板

用自己的语言阐述词的意义	我对该词的理解的示意图
回顾我先前所作定义之后	回顾我先前所画的示意图之后
回顾我先前所作定义之后	回顾我先前所画的示意图之后
我对该词的最终定义	我最终的示意图

概要快照模板

概要快照 1	概要快照 2
日期________________	日期________________
概要快照 3	概要快照 4
日期________________	日期________________
概要快照 5	概要快照 6
日期________________	日期________________

参考资料

[1]Ainsworth, L.(2010). *Rigorous curriculum design: How to create curricular units of study that align standards, instruction, and assessment.* Englewood, CO: Lead & Learn Press.

[2]ASCD.(2012). *Resource guide: Grading and assessment*. Alexandria, VA: Author.

[3]Bianconi, E., Piovesan, A., Facchin, F., Beraudi, A., Casadei, R., Frabetti, F., Vitale, L., Pelleri, M. C., Tassani, S., Piva, F., Perez-Amodio, S., Strippoli, P., & Canaider, S.A. *An estimation of the number of cells in the human body*. Retrieved March 14,2014, from <http: //www.ncbi.nlm.nih.gov/pubmed/23829164>.

[4]Brown, A. L., & Day, J. D. (1983). Macrorules for summarizing texts: The development of expertise. *Journal of Verbal Learning and Verbal Behavior*, *22*, 1−14.

[5]Common Core State Standards Initiative. (2010a). *Common Core State Stan-*

dards for English language arts (ELA). Washington, DC: Author. Retrieved September 9, 2014, from <http: //www.corestandards.org/ELA-Literacy/>.

[6]Common Core State Standards Initiative. (2010b). *Common Core State Standards for mathematics*. Washington, DC: Author. Retrieved September 9, 2014, from <http: // www.corestandards.org/Math/>.

[7]Dean, C. B., Hubbell, E. R., Pitler, H., & Stone, B. (2012). *Classroom instruction that works: Research-based strategies for increasing student achievement*. Alexandria, VA: ASCD.

[8]DVP Learning.(2012, April 21).*Teach, do, review: An outstanding lesson*. Retrieved November 12, 2014, from <http: //evteachingandlearning.blogspot.co.uk/2012 _04 _01_archive.html>.

[9]Education Development Center, Inc.(2014).*Video: Photosynthesis*. Retrieved from <http: //www.tv411.org/science>.

[10]Fisher, D., & Frey, N.(2008). *Better learning through structured teaching: A framework for the gradual release of responsibility*. Alexandria, VA: ASCD.

[11]Foorman, B. R., & Torgesen, J. (2001). Critical elements of classroom and small group instruction promote reading success in all children. *Learning Disabilities Research and Practice, 16(4).*

[12]Himmele, P.,& Himmele, W. (2011). *Total participation techniques: Making every student an active learner*. Alexandria, VA: ASCD.

[13]Marzano, R. J. (2003). *What works in schools*. Alexandria, VA: ASCD.

[14]Marzano, R. J. (2007). *The art and science of teaching: A comprehensive framework for effective instruction*. Alexandria, VA: ASCD.

[15]Marzano, R. J. (2009). The art and science of teaching: Helping students process information. *Educational Leadership*, 67(2), 86–87.

[16]Marzano, R. J. (2010). *Formative assessment and standards based grading.*

Bloomington, IN: Marzano Research Laboratory.

[17]Marzano, R. J. (with T. Boogren, T. Heflebower, J. Kanold-McIntyre, & D. Pickering). (2012). *Becoming a reflective teacher*. Bloomington, IN: Marzano Research Laboratory.

[18]Marzano, R. J., & Kendall, J. S. (2008). *Designing and assessing educational objectives: Applying the new taxonomy*. Thousand Oaks, CA: Corwin Press.

[19]Marzano, R. J., & Pickering, D. J. (2005). *Building academic vocabulary: A teacher' s manual*. Alexandria, VA:ASCD.

[20]Marzano, R. J., Pickering, D. J., & Pollock, J. E.(2001). *Classroom instruction that works: Research-based strategies for increasing student achievement*. Alexandria, VA: ASCD.

[21]Marzano, R. J., & Simms, J. A. (with T. Roy, T. Heflebower, & P. Warrick). (2013a). *Coaching classroom instruction.* Bloomington, IN: Marzano Research Laboratory.

[22]Marzano, R. J., & Simms, J. A. (2013b). *Vocabulary for the Common Core*. Bloomington, IN: Marzano Research Laboratory.

[23]Marzano, R. J., & Toth, M. (2013). *Teacher evaluation that makes a difference: A new model for teacher growth and student achievement. Alexandria*, VA: ASCD.

[24]McEwan, E. K.(2004). *Seven strategies of highly effective readers: Using cognitive research to boost K−8 achievement.* Thousand Oaks, CA:Corwin Press.

[25]McEwan, E. K. (2006). *How to survive and thrive in the first three weeks of school*. Thousand Oaks, CA: Corwin Press.

[26]McEwan, E. K. (2007). *40 ways to support struggling readers in content classrooms, grades 6−12*. Thousand Oaks, CA: Corwin Press.

[27]McEwan, E. K. (2009). *Teach them all to read: Catching the kids who fall*

through the cracks (2nd ed.). Thousand Oaks, CA:Corwin Press.

[28]McEwan-Adkins, E. K., & Burnett, A. J. (2012). *20 literacy strategies to meet the Common Core: Increasing rigor in middle and high school classrooms*. Bloomington, IN: Solution Tree Press.

[29]Montis, K., & Pell, T. (2010). *The standard algorithm for dividing fractions*. Retrieved October 31, 2013; from <http: //web.mnstate.edu/peil/MDEV102/U3/S23/ S235.html>.

[30]Nagy, W. E., & Scott, J. A. (2000). Vocabulary processes. In M. L. Kamil, P. Mosenthal, P. D; Pearson, & R. Barr (Eds.). *Handbook of reading research* (Vol. 2, pp.269-284). Mahwah, NJ: Erlbaum.

[31]NGSS Lead States. (2013). *Next Generation Science Standards: For states, by states*. Washington, D.C. : National Academies Press.

[32]Rutherford, P.(2008). *Instruction for all students* (2nd ed.). Alexandria, VA: Just ASK.

[33]Schmoker, M. (2011). *Focus: Elevating the essentials to radically improve student learning*. Alexandria, VA: ASCD.

[34]Therrien, W. J., Taylor, J. C., Hosp, J. L., Kaldenberg, E. R., & Gorsh, J.(2011). Science instruction for students with learning disabilities: A meta-analysis. *Learning Disabilities Research & Practice*, *26(4)*, 188–203.

[35]Tomlinson, C. A. (2014, September). One to grow on/Releasing the will to learn. *Educational Leadership*, *72(1)*, 86–87.

[36]Tucker, B.(2012).The flipped classroom: Online instruction at home frees class time for learning. *Education Next, Winter*, 82–83. Retrieved November 12, 2014, from <http: //educationnext.org>.

[37]Wiggins, G., & McTighe, J.(2005). *Understanding by design*. Alexandria, VA: ASCD.

[38]Willis, J.(2013,February 26). *Ask Dr. Judy webinar:Patterning to construct transferable concept memory*. Alexandria, VA: ASCD.

[39]Witte, S.(2013).Preaching what we practice: A study of revision. *Journal of Curriculum and Instruction*, 6(2), 33−59.

[40]Wormeli, R.(2006). *Fair isn' t always equal: Assessing & grading in the differentiated classroom*. Portland, ME:Stenhouse.